両神の民俗的世界

埼玉県秩父郡旧両神村小森谷民俗誌

埼玉大学文化人類学両神調査会 編

ryogam

せりか書房

はじめに

埼玉県西部に位置する秩父郡は秩父盆地を中心に山間部が周辺に広がっていて、大滝村、吉田町、小鹿野町、両神村などには山間の集落が広く見られる。両神村の小森川と薄川沿いの集落は、特に川の上流の集落は渓谷沿いの集落であり、平らな土地はほとんど見られないといってもよい。なお両神村は二〇〇五年（平成一七年）に小鹿野町と合併し小鹿野町に編入された。また隣接する大滝村や荒川村は秩父市に編入された。

この本は、小森川の上流の集落である大堤、堂上、煤川、滝前、白井差を中心に調査した民俗誌である。調査した時期は昭和四十年代前半であり、聞き取りという方法で行われているので、明治以降の伝承の記録である。そのため調査内容は江戸時代のことまでは言及していない。そのことが、逆に明治以降の近代の山村集落の変遷の記録にもなっている。例えば、関東木材合資会社が集落に劇的な影響を与えているが、この会社は歌人の前田夕暮が、亡父の事業を引き継いだ会社である。大正八年に両神村の小森の原生林に入り山林事業を行ったという（太田巖『奥秩父の伝説の史話』さいたま出版会・昭和五八年刊）。この会社の影響がいかに大きかったかは本文の伝承記録で明らかである。そのため、秩父のこれまで刊行された伝承記録とも異なり、この本がもつ特徴でもある。なお、この関東木材の会社を本文の中では丸共といっているが、これは(共)の印からくるもので、通称丸共（まるきょう）といっている。ほかのコーチ（集落）に比べるといくぶんか川下にある大堤・堂上コーチは、平らな土地もあり、畑なども緩やかな傾斜であり、この伝承記録は、これまで刊行された本との類似性も多いと思われる。

本文中に書かれたシモとオクリは、そのコーチより小森川に沿って上流部の集落を指す場合は「オクリ」、下流部を指す場合は「シモ」と言う、小森の人に準じて記述した。また本文中の「現在」または「今」という記述は調査を行った昭和四十年代前半ころを指す。写真も西暦のあるもの以外は、昭和四十年代に撮影したもの。

両神村に学ぶ

川田順造

一九六七年（昭和四二年）、埼玉大学に文化人類学の専攻課程を私たちが創設したとき、地元埼玉県の村落を選んで、その村の人たちと私たちの課程の学生や教員が長く交流し、地域の文化を体験理解して私たちの学問に生かすだけでなく、その研究成果が地域に生きる人たちの参考にもなるようなことを、是非やりたいと思った。

文化人類学は、人類がつくりだした文化の多様性と、そのなかに見出される普遍性とを追究する学問だ。それも抽象的に頭の中で考えるのではなく、ある文化を、現実にその文化を生きている人たちと会ってお話を聞き、その人たちの日々の生き方を見聞し、体験することを通して理解しようとするところに特徴をもっている。人類の文化といえば広大だが、個々の集落で現に生きられている文化をとらえることが出発点となる。日本の文化も、地域によって多様だが、ある地域の、ある村落の文化を理解することから始めなければ、日本や世界の他の文化を理解する前提にはならない。

第一期生の鈴木良枝君と秩父の山地を歩き、両神村の人々に会い、この村と長くお付き合いさせていただこうと思った。山の中でコンニャクを作り、蚕を飼って暮らしてきた村の方が、平地の農村より市場経済による生活の変動を受けにくく、さまざまなしきたりもこまやかに守られて来たはずだ。以来、長年にわたって教員や学生がお邪魔し、たくさんの貴重なことを学ばせていただいた。調査は大学の教科の一部とせず、自主参加だったが、大勢の学生が訪れており、第一期生の須藤健一君のように、この村の調査をもとに立派な卒業論文を書いた学生もいる。ことばも自由に通じる日本の村でのこまやかな調査体験は、異なる文化の調査に行ったときにも大切な財産になる。

今度完成された『両神の民俗的世界』を見ても、多くの学生が村の人たちの協力を得て、生活のあらゆる面にわたって、実にきめこまかな調査を積み重ねてきたことがわかる。それも狭い意味での「民俗学」の調査報告ではない。文化人類学の視野と基礎知識に裏付けられた、広汎な比較に耐えうる第一級のモノグラフ（事例研究）がここに完成した。これは両神の人々にとっても貴重な財産だが、グローバル化が進んで生活文化が急速に変化して行くなかにあって、日本、いや世界の人々が、自分たちの足元を見つめ直すために、熟読すべき本だ。

両神村調査の思い出

須藤健一

文化人類学という学問に出会い、フィールドワークが異なる社会や文化を理解するうえで必須の方法論であることを学んだのは、埼玉大学に新設された教養学部の授業であった。川田順造先生と友枝啓泰先生から世界の民族世界の話を聞いて、強い衝撃を受けた。これが私の文化人類学事始めである。川田、友枝両先生の指導のもと、大学三年生の夏に文化人類学を専攻する一〇余名の仲間たちと両神村で調査をすることになった。

両神村の村役場そばの公民館を宿泊所にして一九六七年（昭和四二年）の七月末から二週間の調査が始まった。当時の山中倉次郎村長ら村の方々は、両神の人々の生活を調べてくれるというので我々を温かく迎え入れてくださった。まず、村の歴史と人の移動を把握するために、役場で種々の資料や戸籍をカードに引き写す作業が続いた。毎日、役場の一室を占拠しての汗をかきかきの大仕事であった。そして、夜には、両先生と調査についての話し合いを終え、雑魚寝した。

八月には、小森川沿いの大堤、川塩、煤川の三集落に分散して、民家に泊めてもらい、村の人々から衣食住から家や村のこと、楽しみや信仰のことなどを聞いて回った。みんなが集めた話を夜遅くまで出し合って議論したのを覚えている。大堤では、鈴木、渡辺、垣谷らが、守屋カツさんのお宅にお世話になった。川塩は、北村、中村、功刀らが今井義太郎さん宅に宿泊した。そして、煤川は関根、宮永、須藤らが空き家に泊まり、お店を営む黒沢宇一さんの家族に食事のお世話になった。第二期生の小松、中牧、小室らが加わった二年目の調査では、上流の滝前と白井差まで調査地を広げた。

この調査は、第三期生の浅野、そして峰崎、坂本、大越、藤崎、藤田ら文化人類学専攻の第四期生まで続いた。毎年、夏に行った調査の資料整理と研究会は、文化人類学教室で行い、カード化していった。そして、調査三年目くらいから報告集を出版する話がもちあがった。本書『両神の民俗的世界』の原型となる原稿を友枝先生を中心に峰崎、坂本、大越らとともに書いたのが思い出される。それから四〇年後に本書が世に出ることになり、編集委員の方々の熱意とご尽力に厚く感謝する。

両神の方々とのお付き合いは長く続いた。とりわけ、大堤の守屋カツさん、英男・美智江さんご夫妻と我々との関係は現在まで続いている。昭和四六（一九七一）年の秋には、守屋カツさんが私の田舎・佐渡を訪れることになり、浅野、福島、峰崎、大越、坂本ら三・四期生も一緒になって我が家に泊まって佐渡観光をしたのを懐かしく思い出す。また、友枝先生が「両神別荘村」構想を打ち出して、大堤に六軒ほどの美しいデザインの家が並んだ。友枝先生も一軒所有し、毎年家族で夏をすごしていた。先生のご尊父の会社も社員の宿泊施設として大きな別荘を建てた。そんな縁で、私たちは、卒業後も文化人類学教室の仲間たちの集まりに、守屋家とこの別荘を使わせてもらった。今は亡き守屋カツさんが打ってくれた太めのおそばと野菜てんぷらの味が忘れられない。

昨年（二〇〇九年）八月に、友枝先生は、アンデス研究の大民族誌をまとめられている最中に亡くなられた。友枝先生が企画された「両神民俗誌」がここに完成したことを喜ぶとともに、この本を両神のみなさまと友枝先生にささげたい。

友枝先生、両神とアンデスの山の世界を行き来していることでしょう。ご冥福をお祈りします。

小森谷の民俗的風景

（上）山の雑木が多いところの近くに作った炭焼きの竃

（左）炭焼き竃からの炭出し（滝前）

山の中腹にへばりついているような家（滝前）

畑の脇で栽培されている桑。茅葺の屋根が見える。大堤よりシモ

収穫したコンニャクをスライスして天日干し

関東木材合資会社＜丸共＞の経営者、歌人の前田夕暮の歌碑（滝前・2010年）

蚕がたくさん取れるようにと神棚に飾られた小正月飾りの繭玉（滝前）

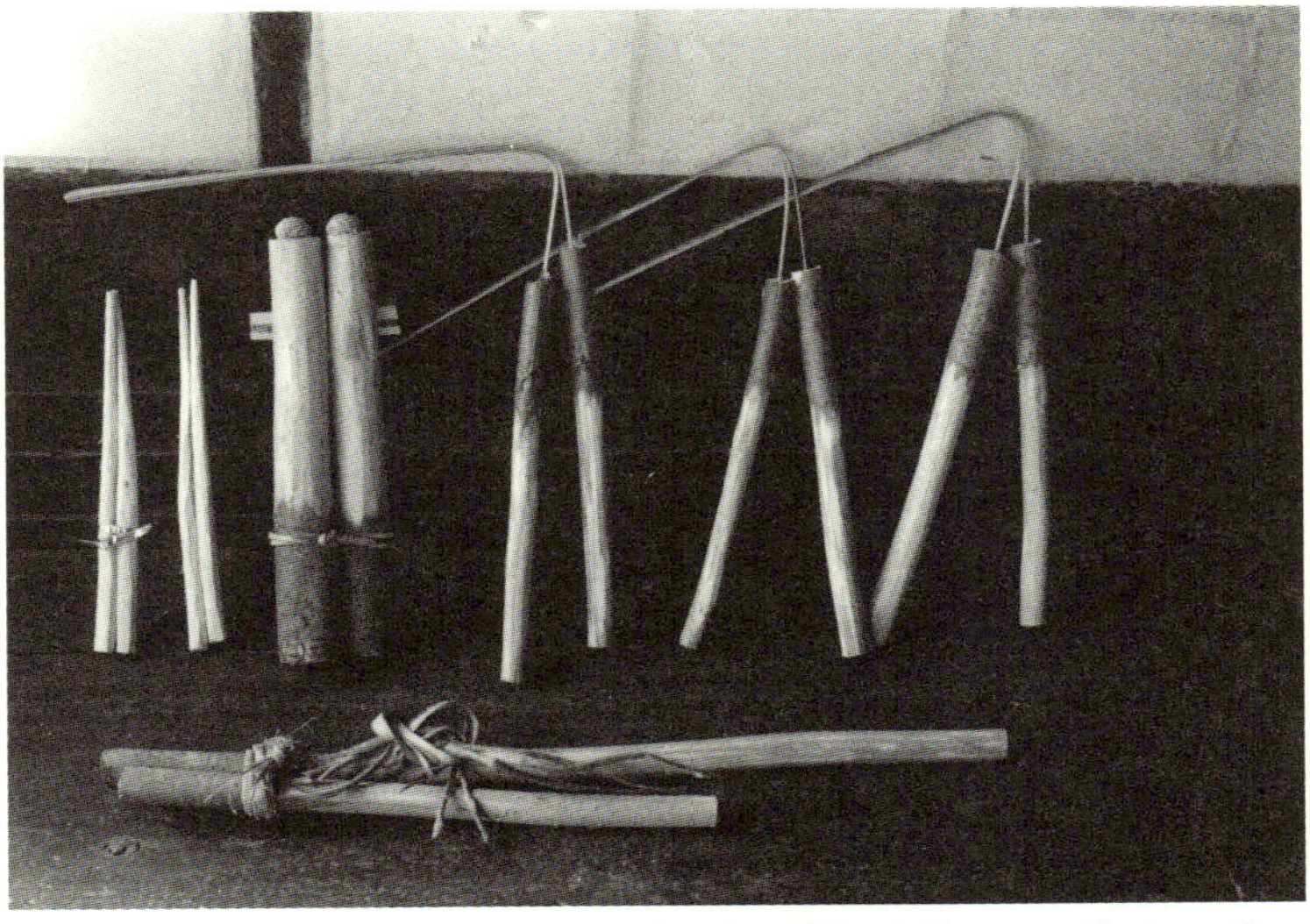

小正月飾りのケズリカケ。左からメズラバシ、粥かき棒、アワボーヒエボー、前は便所神に供える刀（滝前）

両神村小森谷の奥深く山の中腹に点在する集落。左下、林道沿いに滝前、右上に穴倉、左上に市場

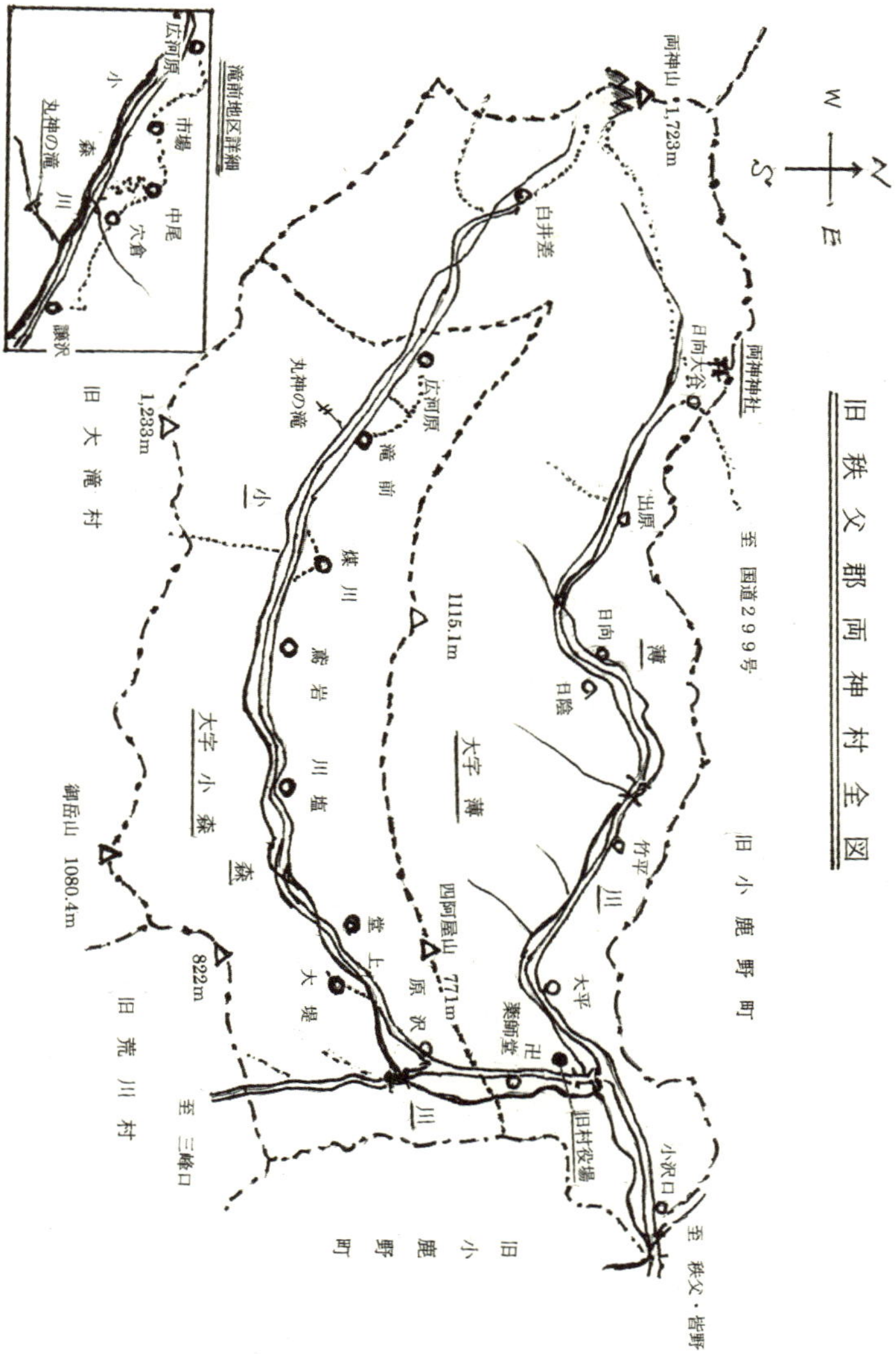

両神村全図（平成 17 年に小鹿野町に編入）

両神の民俗的世界　目次

はじめに　3

両神村に学ぶ　川田順造　4
両神村調査の思い出　須藤健一　6
小森谷の民俗的風景　8

第一章　概観

一　埼玉県両神村小森の概要　20
（一）小森の地理的概要／（二）小森の明治以降の歴史

第二章　生業

一　畑作　28
（一）変遷／（二）作物の種類／（三）生産暦／（四）焼畑／（五）畑の事例集

二　養蚕　34
（一）養蚕の概要／（二）養蚕よもやま話
三　コンニャク　38
四　和紙作り　44
五　椎茸　46
六　山仕事　49
（一）概要／（二）共有林／（三）丸共（関東木材）／（四）丸共の転出後／（五）伐採、植物
七　炭焼き　60
（一）概要／（二）炭の焼き方／（三）富山の炭焼きの継承／（四）黒沢松五郎さんの炭焼き／（五）炭焼きよもやま話
八　木地屋　73
九　運搬　77
（一）馬曳き／（二）馬曳きとトロッコ／（三）馬曳き・馬道
一〇　狩猟など　81
（一）狩猟／（二）魚捕り

第三章　社会
一　村落組織　84
（一）集落の形成／（二）生業形態／（三）土地を媒介とする関係／（四）組・共同労働関係／（五）祭祀組織／（六）通婚関係／（七）結婚の話いろいろ
二　本分家関係　98
（一）ワケダシ／（二）ビンズルビイキとイッケ／（三）両神村小森の本分家の特色
第四章　通過儀礼
一　出産　104
二　婚姻習俗　109
三　葬送　116
第五章　信仰
一　祭礼　123
（一）煤川の獅子舞／（二）滝前の熊野様／（三）大堤の諏訪様／（四）白井差のオボスナ様／（五）そのほか
二　俗信　127
（一）キツネ憑き／（二）キツネの化かし話／（三）稲荷様／（四）オーサキ／（五）お犬様／（六）天狗・山の神／（七）イッテコ

第六章　年中行事
一　年中行事　138
二　正月行事　141
（一）正月／（二）小正月／（三）そのほかの正月行事
三　家例　151
第七章　生活
一　住まい　154
（一）家の間取り／（二）屋根／（三）家普請／（四）井戸そのほか
二　食事・化粧　160
三　行商・旅芸人など　161
四　娯楽　162
大堤ノート　鈴木良枝　167
川塩ノート　北村玲子　187
煤川ノート　関根増男　193
滝前ノート　坂本要　197
終りに　210

両神の民俗的世界

埼玉県秩父郡旧両神村小森谷民俗誌

第一章　概観

一　埼玉県両神村小森の概要

(一)　小森の地理的概要

両神村小森は埼玉県西部の秩父地方の北西部に位置し、物資の集散地である小鹿野町からさらに西に入った荒川水系の一つ小森川沿いにある。小森は周囲を小高い秩父山地に囲まれ、両神山を源とする小森川沿いに点在する部落からなる。各家々の生業はだいたい二通りに分かれ、耕地面積の比較的多い家は主に農業で、耕地面積の少ない家は主に土木工事でなどである。しかしこれらの部落の耕地面積は概して多くなく、畑や山林を多く持っている本家筋でも土木工事などに従事しているのがふつうである。畑は急勾配で川沿いの道路からかなり登り詰めた山の中腹にあり、主な栽培植物はコンニャク、桑などの換金作物と自給用の野菜や穀物である。

明治以前から細々と炭焼きもしていたが、明治二〇年代から富山から炭焼き専業集団が移住して来て大規模な炭焼きが始まった。元から居住していた人々は、炭の運搬や炭焼きの手伝いなど炭焼き関連の仕事に幅を広げた。物資の運搬は川沿いの道を使っていたが、浅瀬を渡ったり、大水の時は不通になったり、大変苦労していた。そこで煤川の黒沢銀蔵さんを中心に村人たちが山の中腹を通る馬道を切り開いた。大正時代になると関東木材（丸共）が村に入り、大勢の外来者が入って来て川沿いに新しい部落ができ、二重構造的な部落立地の形態をとるようになった。そのため元の住民と新住民との関係がマイナスにもプラスにも大きな影響を与えた。川沿いにトロッコ道ができ、さらに林道となって、交通の便もよくなってきた。丸共も原始林を開発し終わると山を越えた大滝

小森川のＶ字谷沿いにある集落

村へ移っていってしまった。とはいえ自給自足な村から外の世界との関係が重要な生活の要素となってきた。しかしながら有力な産業もないため、男は土木工事の仕事に主婦は縫製関係の仕事などに出かけたり、また後継ぎを含めて多くの若者が土地を離れたりしている。そのため年中行事はすたれる一方で、昔に近い形で残っている家は、各部落で二、三軒に過ぎなくなってきている。しかも急激に簡素化している。部落までの交通は、小鹿野から三峯口間のバスが小森のシモ（下）の一部を通っているが、小森川沿いの多くの部落までは徒歩あるいは他の交通機関を利用しなければならない。

（二）小森の明治以降の歴史

明治以後の歴史を得られた聞き取り調査や資料から考察することにする。当村落の生活基盤は畑作を軸とする農業であるといえよう。農業に依存する限り、山間部である当村落においては耕地の開墾にも限度があり、人口の許容も無制限だったわけではない。村落の内的開発は行われる可能性が少なく、ほぼ自給自足的社会であった。ところが当村落においた大きな変革期が下記のように四回あったと指摘できよう。

1　明治二〇年代に始まる富山県からの炭焼きが入村した時期

2　大正八年からの『丸共』によるトロ道敷設と材木搬出をした時期

3　第二次世界大戦を契機とした諸影響があった時期

4　昭和三十年以降の諸改革の時期

それぞれの時期におおまか区切って考察してみる。

1　炭焼きの入村前後

富山県の棚山三五右衛門を中心とする炭焼きが小森川沿いに入ったのは、明治二〇年代であった。そのころのムラの様子は、主食として麦、アワ、ヒエ、ソバを中心に、芋類（サツマイモ、サトイモ）や日常生活に必要な野菜類を栽培し、現金収入源として炭を焼いたり、蚕を育てたりしていた。それをシモ（小鹿野）へ売りに行き、塩、魚、米その他の必需品を購入していたほかは、全くの自給自足的生活を営んでいた。シモとの交通路も川の瀬も渡るような川沿いの道を通っていた。照明具も菜種油による灯芯を使ってきたといわれる。水は豊富に出る沢の水を利用しており、昭和二七、二八年に水道にするまで使われていた。女の人にとっては沢の水場からの水の運搬がたいへんな仕事の一つだった。当時の家の跡継ぎ以外の次三男の処遇は判明しないが、出稼ぎに行った人もいく人かいただろう。明治初年には、煤川（すすかわ）一七軒、明治三〇年ころには、滝前（たきまえ）一〇軒、堂上七～十軒、大堤九～十軒といわれるように、今と比べれば相当少なかったことが想像される。これは、当山間村落において収容可能な人口数だったように思われる。

そのような自給自足的村落に明治二〇年代に外部から富山の炭焼き専門集団が入り、大きな影響をもたらしたのである。それまでほとんど利用されてなかった原生林を炭に焼き、商品化するという形態が生じた。当地においても以前から細々と炭を焼いていたが、炭焼きの専門家集団とは技術的に大差があり、とても太刀打ちできなかった。徐々に技術をまねて習得し、次三男の中には当村落に留まって自活可能性が生じてきた。ちょうど煤川、滝前に分家ができるのもこのころである。道路も川沿いの道を頼っていたのでは大雨など長期間使えなくなることから、尾根の中腹を広河原から煤川、川塩（かわしお）を通り大谷（おおや）まで馬が通れる道をつけた。

以後この馬道といわれる道はトロ道（トロッコ道）が撤退され、川沿いに林道が完成するまで幹線路であった。炭焼きが入って、炭の産出量が増加するにつれて、その運搬が大きな仕事となってきた。煤川では馬を飼育し、炭の運搬による駄賃を稼ぐ人々が出てきた。明治の終わりころから大正年間にかけて煤川に馬が二十～三十頭もいたといわれる。一方、明治三十一、三十二年には赤痢が流行したらしく、煤川では鳶岩（とんびいわ。煤川のいちばんシモの家があった所）を除き、老人、子どもが赤痢に相当かかり、煤川分校が臨時の病院になったといわれる。照明具も灯芯から石油を使うランプに替った。

このように炭焼きの入村を契機に、当村落は大きな変革を遂げたといえよう。自給自足的な性質の強かった村落が、炭生産による現金収入の獲得へと進展していったのである。それにともなって農業のみに基盤を置いていた明治前半期よりも多くの人口を擁することが可能になり、分家の増加がみられるのもちょうどこのころからである。しかし畑作を中心とする生業形態は依然として変わらず、蚕の種紙商人が大滝村を経て信州から来たりもしていた。これが明治の終わりから大正年間にかけてのムラの状態であったといえよう。

2　丸共の入村前後

大正八年になると原生林の搬出を目的とする業者が神奈川県から入村してきた。これが『丸共』と呼ばれていた関東木材合資会社で、木道のトロッコ道を敷き、滝前に現地事務所と住居を置いた。トロ道は、川原沿いに滝前の広河原から川下の川塩まで敷かれ、そこから馬車などでシモへ運搬したらしい。丸共は、滝前の中尾下とか広河原に製材所を建て、山から切り出される原生林を製材してトロッコで運搬した。河原に小屋掛けをして住み、最盛期の昭和初年には三〇〇人にも達したといわれる。そのため子弟の教育が必要となり、学校の設置を試み、煤川、滝前に話を持ちかけ、滝前の譲沢（ゆずりざわ）の下の河原に分校が設置された。この時の話がこじれ、現在（昭和四〇年ころ）でも滝前と煤川の間には対立がみられる。同時にトロ道による運搬が軌道に乗ると今まで馬道を使って炭を運んでいた、特に煤川の人々には大きな打撃となった。炭もトロッコでシモに運ばれるという事態になり、馬曳きは下火になっていった。丸共より少し遅れて、木地屋、木鉢屋も滝前、煤川に入村した。

このように丸共が来る前には、炭焼きが眠っている原生林を炭に替えて活用してきた形態に対して、丸共は原生林の材木を製材し活用し、以後の当村落における林業資源開発の礎を築いたといえよう。

さらに炭焼きが煤川、川塩に大きな影響を与えたのに対し、丸共は滝前に大きな影響を与えた。特に学校教育、神社統合などの諸改革をみても分かるように、新しく村に移ってきた人々は進んでムラに入った（同化した）パイオニア的存在だったのではないか。このころのムラの生活は、夏期には麦作り、養蚕、芋作りなどを、冬期には炭焼きという形態が一般的であった。ところが新しく分家した人たちは畑作には全く依存できず、一年中炭を焼いたり、シモとの物資の運搬をしたりして生計を立てていた者が多かった。トロ道の敷設で一時期よりは馬も少なくなったが、食料品、衣類などの生活必需品の調達には、馬道が使われていた。このころ初めて地下足袋が入ってきたが、一般には普及せず、履物はワラジが使われており、明治年間以来、ワラジ作りが夜なべ仕事になっていた。炭焼きも依然盛況で、小森川沿いの山間部は、地の人と旅の人（移住してきた人）が同居し、閉鎖社会的イメージは消滅しつつあった。

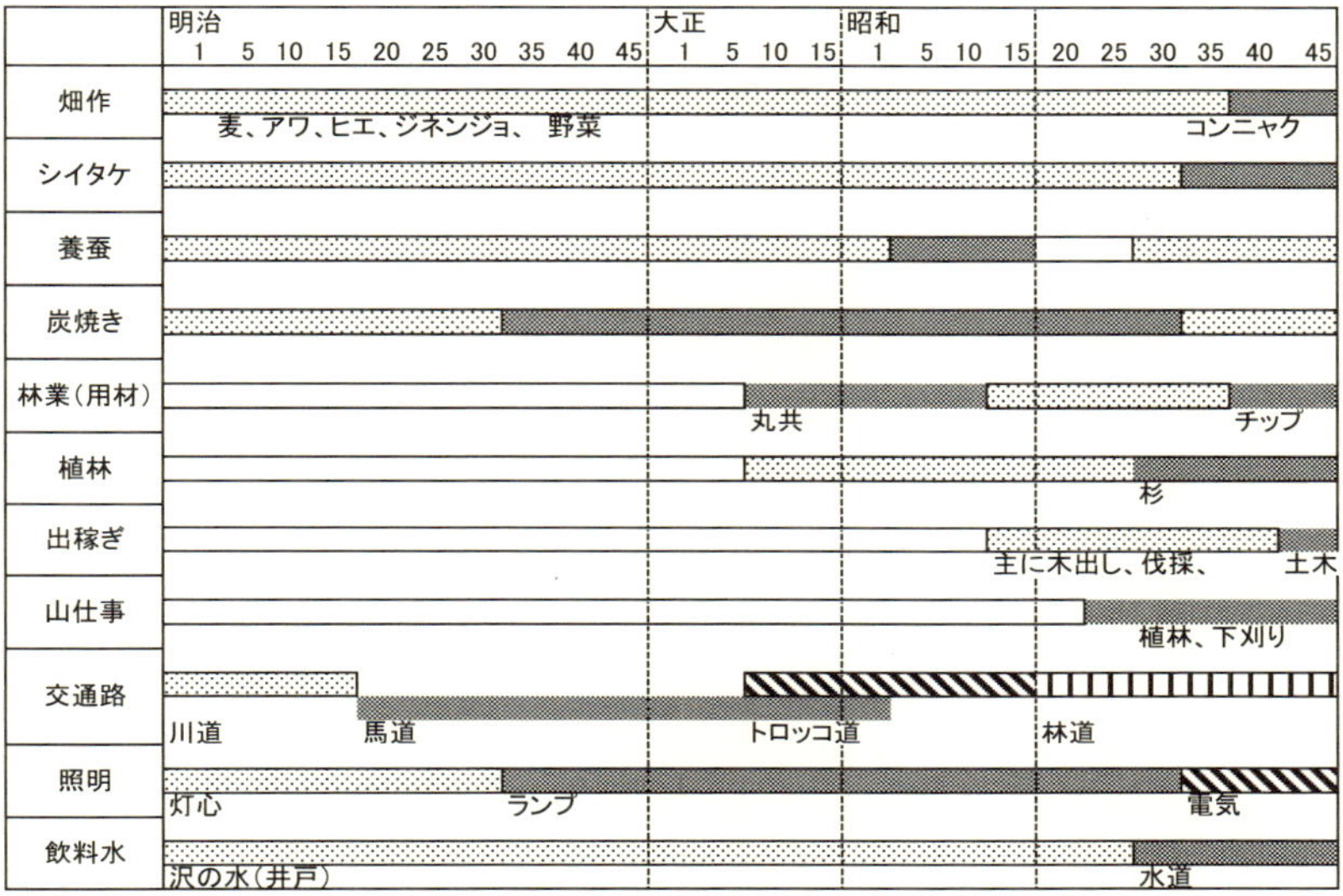

煤川の生活の変遷

大正一四年に関東木材（丸共）は伐採事業を大滝村入川方面へ移した。この移転を境に丸共関係の旅の人の大方は大滝方面へ移っていった。しかし滝前には、その後を引き受けて居残った人もいて、現在（昭和四五年ころ）も数軒が定着している。昭和五、六年ころ木地屋、木鉢屋はまだ小屋掛けをしていた。昭和一〇年代に入り、煤川では分家が河原沿いにでき始めてきた。大堤はすでに電気も入り、道路も整備され、オクリ（自分の部落より川沿いの奥の部落）の三つの部落とは様相を異にしていた。戦争に入ったころ、トロッコが廃止され、その跡は牛車（大八車）が通れるくらいの林道もつけられるようになってきた。

このように丸共の与えた改革的諸相が顕著にみられ、以前にも増して、小鹿野などシモとの交通が盛んになってきた。

3　第二次世界大戦前後

畑作を中心に炭を焼く旧家筋と、馬方・炭焼きを本業とする分家筋という二階層の分離が顕著になってきた。また滝前では丸共の定着者もみられ、明治前半期の均一的な村落傾向から多様性のある村落へとなってきた。このような傾向がみられる昭和一〇年代後半からは戦争の影響が大きく押し寄せてきた。その一つが男たちの徴兵による労働主体の女（主婦）への移譲である。畑作の労働主体を男が占めていた当村落において、この変化は留意すべきものである。もう一つは絹需要の激減による養蚕の壊滅的打撃である。桑畑を掘り起こし、麦・芋類へと転換し、食糧難を補ったのである。この転換地の面積は相当広く、以後、昭和三〇年ころまでほとんど麦中心に耕作されていた。食糧難のころ東京方面からの買出しも多く、初めて農作物による現金収入の獲得形態がみられた。

昭和二〇年代は畑作中心に炭を焼くという形態が続いた。昭和二四、二五年ころからは政府の奨励策による植林が盛んとなり始めた。それまで炭焼きのために伐採した後はそのまま放置していたが、このころから杉、松、檜の植林が始められた。掘り起こされた畑の一部も植林されるようになった。同じころ、煤川でも沢の水が水道になったり、トロ道の跡が林道に整備され始めたりした。戦争を契機として、畑を所有している旧家筋は再び畑作を重視し生産に励む傾向がみられた。木地屋、木鉢屋もこのころに移って行った。林道の工事計画による整備を期に、当村落の性格は三度目の大きな改革を迎えることになる。分家も、煤川においては急に河原沿いに増えていったが、これは戦後の動揺期に次三男の人がムラに残り、炭焼き、植林などの山仕事による自立の可能性があったからである。

4　昭和三〇年代

昭和三〇年ころ、畑作に大きな変化がみられた。その最も大きな変化は、コンニャクの大々的な栽培である。それまでのジネンジョの栽培方法から、農協の技術指導の下に行われた商品作物としての栽培方法への転換である。これはちょうどそのころから始まる農協の米配給制による麦作の減少とその畑へのコンニャク栽培への転換である。このコンニャクの栽培は現在（昭和四十年代）まで主要な栽培品種となっている。もう一つは養蚕の復活である。戦争を契機として衰退した養蚕も、農協の共同飼育、共同出荷などの施策と絡んで盛んになってきた。

一方、林業においては植林が続けられてきたが、炭焼きは石油エネルギー、ガスエネルギーの利用が盛んになる昭和三五、三六年を境にして衰退していった。また、シイタケ栽培は森林組合の指導・農協の共同出荷と関連し、盛んになってきた。特に煤川の分家筋、川塩では大規模に栽培している。電気が煤川・滝前地区に入ったのは昭和三一年であり、それまでの長かったランプ生活に終わりを告げた。昭和三五、三六年ころには、全村に有線放送が設置され、コミュニケーションが容易になった。農協を中心として作物の価格変動・栽培技術指導など簡単に放送を聴くことができ、居ながらにして情報が聴取可能になった。炭生産の衰退により、炭焼きに依存してきた分家筋は山仕事（植林・下刈りなどの日雇い取り）へ、さらに昭和四〇年ころから土木関係の仕事へ従事してきている。地理的に都市に近いのでマイクロバスによって通うことが可能であり、出稼ぎの形態はほとんどみられない。

昭和三〇年ころから始まる、これらの変化は当村落を全面的に都市生活へと近づけ、その落差はほとんど認めがたい。同時に、日本農村社会に共通してみられる人口減少も顕著になってきている。昭和四五年には、過疎地域に指定されたとのことだが、当村の人口減少による過疎化現象は、余剰労働力の村外流出という性質が強く、世帯主の出稼ぎなどによる基幹労働力の流出はみられない。東北農村にみられるいわゆる三ちゃん農業的性格は薄く、畑作を中心とする農業を主体にし、余剰労働力を日雇い取りに向けるという形態となっている。農業栽培品種は、地理的環境の都市への近さの条件の下に、時期、時期に対応したもの選んで栽培してきた。

第二章　生業

一　畑作

(一)　変遷

水田が皆無の当地においては、畑への依存に絶大なるものがあり、畑の所有面積が家のステイタス（地位）決定に大きな基準になっている。大堤が谷あいの比較的平坦地に畑があるのに対して、川塩、煤川、滝前などのオクリのコーチ（部落）は，山の傾斜地にあり、一戸当りの所有面積も各コーチによって大きな差異がみられる。同時に小森川沿いに大堤から滝前までの距離は約一〇キロメートルあまりで、標高差約五〇〇メートルと地形的に異なっていることから生産暦、作物にも若干の差異が見られる。さらに煤川からは明治初頭に「タツ（辰）の御検地」が行われ、畑地、山林が「ナワウケ（縄請）」され、現在のように各戸所有区分が明確にされたという。このような各コーチの差異が見られるにも関わらず、畑作において明治、大正、昭和年間を通し共通に起こった二つの変化を指摘できる。

一つは第二次世界大戦を契機とする絹の需要激減、食料難に伴う桑畑の掘り起こしとその跡地への麦・芋類の作付けである。もう一つは昭和三〇年代に始まる農協の米配給制と換金作物としてのコンニャク栽培の開始である。これは麦作の減少をともない、さらに付け加えるなら、条件の悪い土地は杉の植林をするという傾向がみられる。このような畑地利用の変化がムラの内からというよりは、外的な影響（国家レベルの変化）によって引き起こされた面が大であるといえる。先の戦争を契機とする変化は日本農村に一般的な現象として把握されている

集落に近い比較的緩やかな所にある畑（煤川・2010年）

が、後者の昭和三〇年代の変化は国家レベルの傾向だけでは説明できない当村ならではの特質があるように思われる。例えば有線放送の設置、農協の技術指導の徹底、交通路の改善などの村落レベルの内的な改革から引き起こされた面も同時に指摘されるのである。このような変化をみると、国家レベルの変化が一方的に村落レベルに持ち込まれるというよりは、村落レベルでの内的変化と結合した時により大きな変化を生ずるといえよう。

（二）作物の種類

主食として麦の占める位置は、昭和三〇年ころまで大きなものだった。一般に米の配給制が確立されるまでは、明治年間より作物栽培品種はほとんど変わらなかった。麦を中心にアワ・ヒエ・ソバの穀類、マメ・アズキ・エンドウやインゲンなどの豆類、ハクサイ・キャベツなどの蔬菜類、サツマイモ・サトイモ・ジャガイモ（クロイモといわれ新しく入った）などの芋類、コンニャク、桑が主要な畑作物であった。このうち麦、桑、コンニャクの作付面積の変動が著しいが、ほかの作物はほとんど自給用食物としての性格が強いので作付面積も少なく変動も少ない。最近(昭和四五年ころ)になってエンドウマメ、インゲンマメ、キュウリなどの商品作物化が農協を中心に行われ、時期遅れのものとして高値で販売されている。アワ、ヒエ、ソバは条件の悪い畑地で、特に焼畑による開墾地で栽培されている。家の近くの畑には日常食べる野菜類が、条件の良い広い畑には麦やコンニャクが栽培され、そして畑の周辺部には桑が植えられている。このように畑の利用区分が大体なされている。

戦前までの養蚕が盛んだったころ、桑畑は比較的家の近くの開墾地などに植えられていた。最も条件の良い畑には麦、豆類、サツマイモ、ジャガイモなどが栽培されている。前にも述べたように、終戦後の食料難のおり、桑畑は掘り起こされ、麦畑や芋畑に変えられたが、東京方面からの買出人も相当数来たらしい。以後、農作物の商品化が徐々に進み、農協の技術指導の下にコンニャクの栽培や、戦後細々と続けられてきた養蚕が脚光を浴び、これらが大きな収入源になってくるのである。コンニャクの節で詳しく述べるが、桑畑から豆類へと変化した畑の大部分が昭和三〇年を境としてコンニャク畑へと変わっていった。それ以後現在に至るまで畑のほとんどがコンニャク栽培に使われ、麦は粉にするほかには押麦としてご飯に入れるくらいなので栽培面積も極端に縮小されている。さらに戦後の昭和二五、二六年に始まる政府援助の植林も盛んに行われ、急傾斜の山肌の畑には、杉が植えられている。以前に畑地だったとは想像できないほど拡大している。現在は冬期には何も植えてない畑が多く、以前は麦を作っていない畑がないほどだったので、その違いが歴然としている。

(三) 生産暦

滝前、煤川、川塩、大堤の四つのコーチは、標高差約五〇〇メートルあるため、各作物の栽培時期が若干ずれてくる。特に大堤・川塩と煤川・滝前の違いが顕著である。それはだいたい一週間から一〇日のずれが生じる。

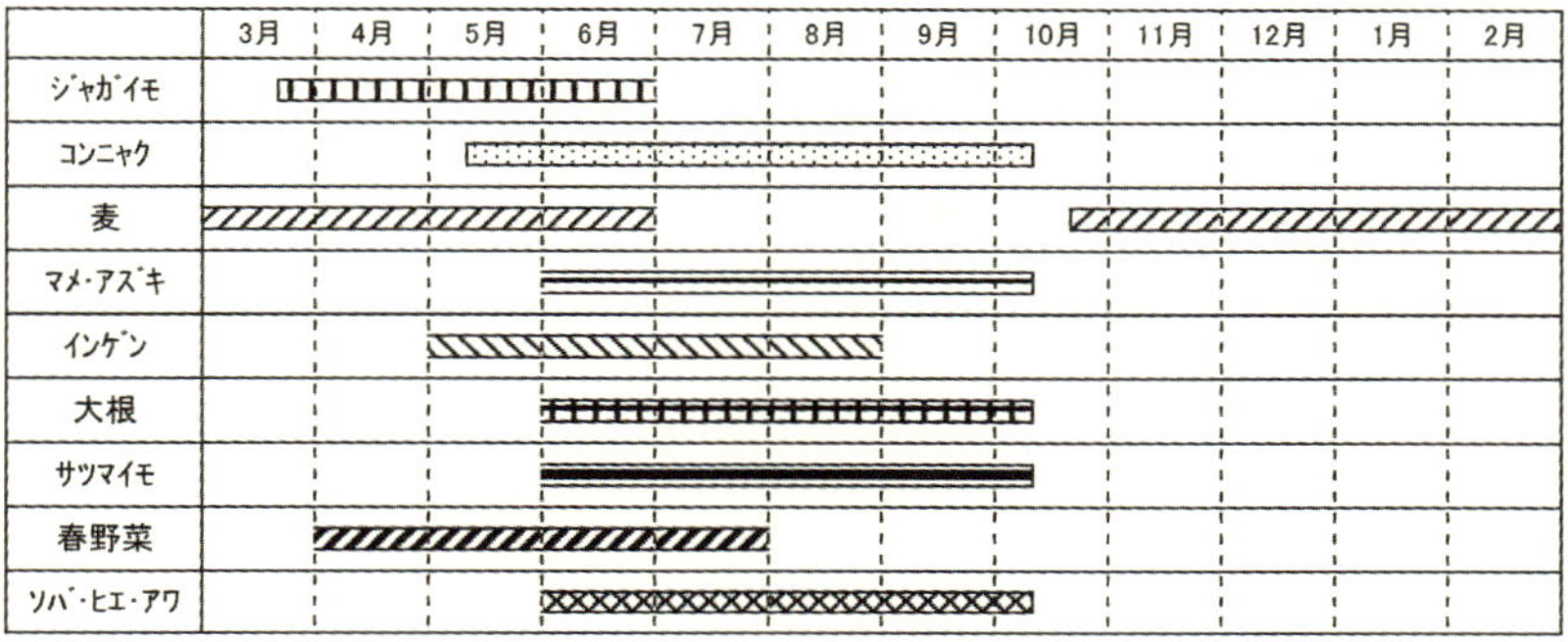

煤川の１年間の生産暦（昭和44年）

上の図は昭和四四年の煤川の一年間の生産暦である。そこでこの煤川の生産暦を参考に、ほかの三つのコーチと作物の植付け・収穫を比較してみる。

大堤・川塩と煤川では、一〇日前後のずれがある。初霜は大堤・川塩では一一月末に降り、煤川では一〇月中旬に降りることが多い。そして一一月中に一年の野良仕事を完了し、一二月三日の秩父祭に出かけるのは、時代を問わず一貫した慣行であったといえよう。秩父祭はその意味においても秩父地方の生産暦と関連した折り目としての性格を負っていたといえる。

(四) 焼畑

焼畑が聴取できたのは、川塩、煤川、滝前で、戦争中まで行われていた。大堤は谷あいの平坦地が広く、山肌を利用する必要がなかったようである。焼畑は六月ころに木を切って乾かし、七月ころ「火入れ」をして草木を焼き、灰にした。その直後に、ソバ、アワ、ヒエを作れるだけ作り、地味が悪くなると放棄してしまうものである。一般に家の近くにある毎年耕作できる畑には、麦、コンニャクなどを植え、ソバ、アワ、ヒエはもっぱら焼畑を利用していた。焼畑をするには相当な労力を必要とするので二、三軒が一緒になって開墾する。その時の人は、身内、兄弟の場合が多く、「エエゲエシ」といわれる労働形態をとる場合がみられる。

石臼でソバ粉を作る（大堤）

守屋磯吉さんの焼畑の話では、杉を植えて大きくして伐採したあと、片付けようがないから焼いて、その年にソバをまく。その後また杉を植える。杉を植えた後でも二、三年間は一緒にソバもアワも作れる。黒沢庄一郎さんの話では、昔は一町歩ほど焼いたが、今は五畝歩も焼かない。黒沢モトさんの話では、焼畑は古くから行われていて、たいてい一山を焼き尽くした。焼き尽すのに三、四日かかり、焼いた後の最初の一年はソバ、アワ、ヒエなどを作った。この収穫量はソバで五〇～六〇俵、アワ、ヒエでも五〇俵あった。しかし地味がよほど良い所以外は常畑に転換することもなく、不足時に使う形をとっていた。新井いわさんの話では、毎年焼畑をやっていた。二俵から三俵のソバがとれるほど焼いた。小さいころは、どこで焼いてもかまわなかったが、七、八歳（明治四五年）ころ火入れ届をしなければならなくなって、面倒臭くなってやめるようになった。しかし山の裏などでこっそり焼いている人もいた。焼畑は最初の年はソバを作り、次の年はアワ、ヒエを作る。使えなくなると杉やカゾ（楮）を植えた。焼畑は「枝のまくり」がたいへんだった。黒沢花吉さんの話では、焼畑は毎年やったが、ソバが二斗も三斗も作れるほどの面積を焼く。ソバがとれた後でアワ、豆を作る。焼畑は若い時分のことで最近はクロキ（杉などの針葉樹）にしてしまう。昔は焼畑からとれたソバを食べ、米を食わなかった。

（五）畑の事例集

山本ツネさんの話では、穴倉から畑を二、三畝借りて、上の畑は農地改革の時白井差から買わせてもらった。煤川から借りていたものは買って、現在杉の植え付けをしている。穴倉から借りているのは手間で払う。今は東の畑を七、八畝、穴倉から借り、手間は七人である。

新井いわさんの話では、春だけのシイタケは農協の指導でやる。自分の家の畑は三反歩くらいである。蚕は少々やっている。

黒沢実太郎さんの話では、昔は麦の肥料はひでえもんで、山から草を運んできて、それにコヤシをかけて腐らして肥料にしたので、作るのもたいへんな仕事だったが、今では化学肥料をまくだけだ。

千島熊吉さんの話では、今はコンニャクを三反歩作っている。前は大麦と小麦を主に作っていた。麦は「手かけ」（手拭いで作る）で束ねたものを人間が手に持って麦ぶち台で叩いて穂を落とした。その後「くるり」で叩いて「とうみ」でつき粒にしたものを干しておくと、小鹿野の原精米店が買いに来た。麦刈りは六、七月ころ刈った後、少し畑において乾いてから採り入れる。そしてワラで縛ってまた軒端に吊るして乾燥させる。それを麦ぶち台で打つのである。エンバクは刈って肥料にする。コンニャクのための緑肥にするのである。食用にはしない。

新井テル子さんの話では、昭和三二年ころからインゲンの栽培を始める。畑仕事は女手だけでやっていた。人手が欲しい時は、茶摘み、蚕くらいで、手間は近所の人を頼むが手間賃も高い。現金収入としてはカゾ、蚕、炭から得ていた。カゾの木の皮は天日干しをして、五貫目束を一把、六把を一段として売った。一段の値段は二〇円で当時米一俵七〜一二円くらいであった。業者がよそから入ってきて村の人々と協定して買った。自分の口きき方で儲かる。ただしだいたいその金は米にぎりぎりくらいで儲けは少なかった。炭の方が予想外にできる時があるので儲けはあった。こっちの山あっちの山と買っておいて順番に炭焼きをした。

守屋八郎さんの話では、昔は麦、大豆、小豆、カゾムキ、炭焼きなどをしていた。

守屋鶴一郎さんの話では、大堤の家は畑で主に麦、芋、野菜類（大根、白菜、カボチャ）を作っていた。なかでも麦が主で、刈り取った麦は麦打ち台で叩いて穂を落とした。麦打ちの時は、皆が代わる代わるスケに行ってえらい騒ぎだった。農休みにやった。

二　養蚕

（一）養蚕の概要

養蚕は戦前戦後を通じて、コンニャクとともに両神村の主要な換金作物であった。生産高は戦中の国策で桑園整理により一時減少したが、それ以外は落ちてはいない。戦後は増大して一軒当りの収穫も増えている。昭和四〇年ころの両神村の農家はコンニャク農家三〇〇軒、養蚕農家四二〇軒であり、面積比も四対六の割合で養蚕の収入の方が多かった。蚕は、春蚕では八十八夜から始めて三〇日くらいで繭になる。夏蚕はお盆ぐらいまでに繭になるようにし、晩秋は九月一五日～二〇日までにあがるようにする。特に晩秋蚕は、技術が必要である。現在は、両神農協で二齢まで共同飼育をし、それから家で飼う。掃きたて三回で、種紙は蚕種会社から貰う。繭は秩父絹として工場へ送られる。

滝前では、桑の葉の芽が出るのは気候の関係で半月も遅れるので、出荷がシモの地区の方と三、四日の違いがあり、値段が合わずやめる家がある。繭は昭和四二年現在、一貫四二〇〇円ぐらいで出荷されている。現在は農協が一貫して共同出荷しているが、昔は信州から秩父郡大滝経由で種を持ってきて、繭は小鹿野からセリが買いに来て、「せりっこ」をする。滝前では、二、三軒の家で現在も養蚕をしている。昔は女手一人で蚕をやって現金を得ていた。黒沢のぶさんなどは、三〇歳ころ一人で掃きたてをやり、二〇幾円かの現金を得ていた。当時一〇円もあれば、立派なお正月様を迎えられたという。また現在では、蚕はコンニャクとともに現金がまとまって入り、ここ二、三年繭の値も高くなっているので、いいお金になる。しかしコンニャク栽培の普及とともに、養蚕と時期が重なるために忙しくなり、養蚕をやめる家もある。

蚕を育てる時の注意としては、①病気を出さないようにし、②コブシといって蚕がみんなかたまってしまわないようにし、③種紙がしけないように蚕糞を溜めないことである。また養蚕室は家のこなし小屋の二階で、密室にして、消毒してから使う。蚕の時期はまるでお正月様のように忙しく、手伝いを頼む家もある。男が桑を背負ってくれば、それを蚕に与えるという手順で、男四人で一日四回ぐらい桑を採って来る。昼は桑を採りに、夜は蚕糞を片づける。桑を蚕が食べ切るまでの間に暇を見て畑仕事をする。人手を多く使うと家の収入が少なくなってしまう。川塩では、六、七軒が養蚕をやっているが、収穫は多くて一軒で五〇貫くらいである。大堤の守屋カツさんの家では四〇年前ころがいちばん盛んであった。当時、種紙は二一〇グラムで一三〇貫もの収穫があったそうである。現在では、カツさんの楽しみで一〇グラムくらいやっている。カツさんは「蚕で子どもたちを大学まで出したのだからお蚕様を粗末に扱っては申し訳ない。」というので、今でも飼っている。

冬場の桑の木の手入れは、枝を藁でまるく結んでおく。春蚕の時期だけ、枝まで切ってしまい、あとは葉を摘む。養蚕を多くやる家は専用の桑を作っておく。昔は桑を植える場所は山であり、家の近くの畑には麦や穀物を植えた。「くぼ」の土のある所に桑を植え、枯葉の腐ったものがあり、それが肥料となった。桑のある山は遠い所では片道二キロメートルもあった。昭和四五年ころでは造林(杉)になっている。土地利用が、養蚕の盛衰によって変化していっている。桑畑が杉の造林になり、麦などの畑が桑畑やコンニャク畑になってきている。

(二) 養蚕よもやま話

①黒沢さわさんの養蚕の話

父親は「テッポウダマ(飴玉)をやるから、一生懸命やるだあ。」と言ってお蚕を手伝わせた。この家に嫁いで来てからもお蚕はよくやり、子どものお守りをしながらやっていたので、とても忙しかった。今でもお蚕はよく知っているが手伝っても金もくれない。周りの人に「今年もオバは二階に登った。(つまりお蚕をやるということ)」とよく言われる。

②滝前の養蚕の話

かつて養蚕は黒沢啓作・山中文作さんが大きくやっていて四〇グラムくらいである。今(昭和四五年ころ)、繭の値段が上がっていることは知っているが、昔やっていた人は新しく飼うことと同じになるから飼わない方がいいという。山中文作さんの話では、自分でやっているのは一五〜四〇グラムで春と晩秋をやっている。滝前は繭には寒いのであまりよくない。二〇〜三〇グラムで四万二三〇〇円になる。

新井さわさんの話では、今年は原蚕(交配してない蚕、繭をとって蛾を出して交配する)をやったので、病気のないコワイ桑を与えなければならなかったので時期が遅くなった。それで仕事の段取りなど何もかも遅くなった。蚕は高くて風通しの良いところで飼う。蚕を飼育所で飼い、配蚕してもらう。二齢になる時、二六日ころに配られる。蚕の仕事はいちばん容易ではない。手伝いはほとんどいない。他人に高い日当を出しても利益にならない。昔、蚕のスケは手間賃で払った。だいたい金で払う。食糧難のころ、作物(麦)で払ったことがある。昔、蚕の掃きたて一八〇グラムで繭は一〇〇貫。繭はカイヤ(商人、繭買い)が来て買って行った。どこからもカイヤが来た。アキンドをセリと言っていた。

③白井差の山中林太郎さんの奥さんの話

昔、養蚕が盛んだったころ、信州からタネヤが来たり、強石（大滝村）、小鹿野からも来たりした。かごを抜いたり挿したり、一日に何度もかごを引き出した。休むということはなく、夜も台所で寝た。繭買いは商人が来てセル。酒一升四五～五〇銭のころで、春蚕、夏蚕、晩秋蚕をやり、春蚕だけで一五〇貫とったこともある。炭焼きの人が、蚕の忙しい時はスケに来てくれた。現在は桑畑がクロキ（杉林）に替わっている。

④煤川の養蚕の話

棚山重明さんの話では、お蚕は昭和四五年（晩秋蚕を除いて）は煤川でも一〇〇〇貫くらいとれ、晩秋蚕でも七〇〇～八〇〇貫はとれるという。黒沢実太郎さんの話では、昔はタネヤが一軒一軒回り、タネを売って歩いた。だから各々のタネヤによってタネが違うので、いいタネを売る人を探した。タネヤはタネを売るだけであった。秩父や小鹿野から繭買いが来て、買って行った。これは三、四人で来て、セリをして買って行った。また蚕師も来て蚕の飼育を教えるのであるが、なかにはインチキな者もいて蚕をだめにしてしまうこともあった。今は農協が全てを世話してくれるから心配はない。

⑤大堤の養蚕の話

守屋磯吉さんの話では、農協の養蚕飼育所で一週間くらい飼育して貰い、掃き立てたあとで家に持ってくる。一箱に二〇万粒（卵二〇万個）入っていて、飼えるのはふつう一万八〇〇〇匹くらいになってしまう。種蚕は、種会社から両神村単位で何箱か買う。蚕は四回休んで五回目に食べて繭を作る。繭を出荷するのは九月の二四～二五日ころである。『秩父蚕糸』という会社に出す。糸検定所というのがあって繭一貫目に対して、糸の長さを測り、値段を決める。蚕は三人で摘んだ桑の葉を一晩置いておくと、蚕はそのうち二人分くらいを食べてしまう。多くやる人は年に五回くらい蚕をやるが、自分の家では左記のような順で春、夏の二回やっている。

夏の蚕→麦撒き、コンニャク堀り→冬→コンニャクの植付け→春の蚕→麦刈り同じコーチの守屋八郎さんの話では、養蚕の方が収入もあったし、仕事も面白かった。昔はせいぜい春と晩秋の二回くらいしかやっていなかった。それでも忙しいので、シモの雇い人を呼んで手伝ってもらったり、また同じコーチの人にも一日いくらでスケてもらったりした。一日五〇銭で一か月一五円〜一七円くらい払った。一回一〇〇貫の繭をとった。村内の黒海土の花の木という屋号のタネヤが来て種を売った。繭を生のままで売ったり、乾燥して糸にして売ったりしたこともあった。信州の方からも種屋が来たこともあった。その人たちは小鹿野に泊まっていた。同じく守屋カツさんの家では、オコアゲ(上蔟)の時、男女一〇人〜一五人くらい頼んだ。大谷や堂上の方からも手の空いている人にはみんな頼んだ。日ごろ目をかけていた人に頼めばみんな来てくれた。

三　コンニャク

1　ジネンジョ方式

コンニャク栽培が現在のように盛んに行われるようになったのは、ここ十年来のことである。もとよりコンニャクの伝統的な栽培は昔から行われていた。もとはジネンジョといって山にも自生していたらしく、これを掘り起こしてきて調理した。一種のごちそうで、モノビやお客の際に「コンニャクでも作るべか。」といって、コンニャク玉をすりおろし、あく抜きに石灰を混ぜ合わせて練り、煮え立ったお湯に杓子ですくって入れる。またはあらかじめ灰汁抜きした粉を作っておいて、これを水でこねて湯に落とし、ゆで上がったのを切って、酢や汁をつけて食べると、おいしいご馳走になったという。

このコンニャクが現金収入源として栽培されるようになったきっかけは、黒沢鶴三郎さんによると、昭和の始めころ群馬の下仁田の問屋がやって来て勧めたのが始まりらしく、それまでは自家消費程度に利用していたのを畑に本格的に植えて出荷するようになった。煤川では、鶴三郎さんや黒沢徳二さんの家が、いちばん早く始めた。しかし当時はジネンジョをやや本格的に畑に植えるようになっただけであった。今日一般的に行われている栽培法に対して仮にジネンジョ方式と呼んでおく栽培法だった。

2 コンニャクの商品作物化

現在の栽培技術は乾燥方式ともいえるもので、これによって大規模に栽培されるようになった。ともかく昭和初期にはコンニャクの商品化が始まっていたわけで、ただそのころは規模も小さく、やはり畑からの現金収入では桑園→養蚕→繭が主たるものであった。しかし滝前の山本ツネさんのように昭和一〇年ころに一町歩の畑ではコンニャクをやっていた例もあった。この場合は、家族は群馬の出身で丸共の仕事で入村し、そのまま定着した人である。元々コンニャクの盛んな地域から来ていたので、農家に転業する際に土地の人から畑を借りて、といっても山を借り、焼畑から始めたらしい。人手を五、六人も雇って専業に近かった。そのころからコンニャク栽培は行われていたが、新井いわさんによれば、滝前では自分の子どものころにはまだコンニャクは栽培されていなかったという。けれども昭和の初めからしだいに普及していったらしい。一時コンニャクダイジンと呼ばれる人も出たらしい。それ以前の現金収入源は、炭、岩茸、繭、コウゾ、椎茸であったといわれていた。

3 コンニャク組合

こうして昭和初年に始まったコンニャク栽培は村に普及して、ある程度の商品作物となっていたが基本的には養蚕、炭焼きが主力を占めており、コンニャクに集中した農業経営も先の例のようであり、資産を成す者もいたが限られていた。また技術的にはジネンジョ方式であった。養蚕の衰えと対応して、近年にコンニャク栽培が注目されるようになり、農協を中心に組合ができて共同購入、共同出荷をするようになるのは昭和三〇年からでそ

傾斜地の砂利の多い石垣で囲まれたコンニャク畑

れ以降、本格的に経営する人が増えてきた。同時にそれは新たな技術の導入をともなっていた。それが乾燥方式と呼ばれるもので、毎年コンニャク玉を畑から掘り出して収納する。人手がかかり容易ではないが、これはある程度農業の機械化によって補われる。むしろ機械化にともなってこの種の規模の大きい栽培が可能になった。またそれに関連して、村内においてもその立地条件から機械利用の可能な比較的平坦なシモの方で盛んに行われるようになってきている。従来もシモの方で行われていたが、コンニャク本来の性質からいうと山間地の日照時間の少ないところの方が適している。その意味では滝前、煤川のオクリがシモよりも適しているのであるが、量産の点では、険しい傾斜地にある畑地しかないオクリでは機械の利用が全くできず、もっぱら人力に頼るしかなく、大規模化するには困難がある。それゆえオクリの方では現在でも従来のジネンジョ方式によって栽培している例が多い。ただし一部の人は乾燥方式を採り入れているが、シモに比べて効率の点で劣るのは明らかである。またジネンジョは太るのは早いが値が落ちるとされる。ちなみに質の点でジネンジョ方式のものも劣らないという人もいる。ただ乾燥方式は人手がかかるのは事実で、しかも一年がかりの仕事になってしまう。それでほかとの兼業が難しい。例えば年に一〇回も消毒しなければならないし、除草もたびたび行わなければならない。

4　コンニャクの栽培

乾燥方式は、コンニャクの植付けは五月ころに行い、夏の間じゅう、草取りを何度も行う。消毒も十分にしなければならず、腐ったり病気になったりしないように注意しなければならない。四、五年前に病気がはやってだめになったこともある。大堤でもっとも大規模にやっている守屋英男さんの場合、耕運機、電動モーターなど動力の利用で、耕作、薬剤散布を行っているので、ほとんど夫婦労働だけでまかなっている。川塩から奥はこうした機械の利用が地形的に不可能であり、実際耕運機は大堤に一〇台、大谷に一台で川塩からオクリにはない。コンニャクの収穫は一〇月ころから始まり、畑から全部掘り上げて家に運び乾燥室に入れて越冬させる。この運搬にも大堤では動力の利用ができるが、オクリではもっぱら背負って運ぶしか手段がない。したがって年々掘り返して貯蔵する乾燥方式は、機械化ができないと労力をたくさん要してしまう。一年目の玉をキゴといい、これを種イモとして出荷することもある。年を経るにつれて二ネンゴ、三ネンゴといい、コンニャク製造に利用するのはこれらである。大きさに応じて小玉、中玉、大玉と等級分けされる。コンニャクは価格変動が大きい商品作物の一つである。例えばある年は一俵一万円もしたものが、去年（昭和四三年）では一俵二九〇〇円ぐらいしかならないこともある。これは降雨量、日照時間などによって病気が発生したり収量の少なかったりで、生産が安定していないためでもある。全国的にどれくらい産出するかによって価格変動がある。同じ年度でも時期によって価格変動が激しい。特に主産地群馬の生産いかんで影響し、台風でやられたりすると価格が跳ね上がる。そうした意味での投機的要素がコンニャク栽培にはともなっている。去年あたり最低価格は一俵二五〇〇円にまでなっ

裏山に続くコンニャク畑

たが、それも出荷時期によっては五〇〇〇円で売れ、値下がり期にはほとんど売り尽して、下落の打撃を最小限にとどめた人もいた。こうしたことは一種の勘に頼るところがあるといわれている。

出荷調整は組合を中心に行っており、ある程度組織的な価格の調節ができる。またアラコにして保存すれば比較的長期にわたって安定した価格で出荷することができるので、秩父全体での組織ができている。コンニャクの主産地は秩父地方では大滝、両神、荒川、小鹿野で、この地域は日照時間の少ない山間地で栽培に適している。技術改良が進んで輪作が可能になり、病気に対して抵抗力のある品種も開発されている。両神での生産は従来四〇〇〇～六〇〇〇俵だったのが、一九六六年八〇〇〇俵、一九六七年一万～一万二〇〇〇俵と上昇している。両神七八〇戸のうち現在コンニャクを栽培している農家は三〇〇戸、養蚕を主とする農家は四二〇戸であり、耕作面積にすると四対六であるが、これからは養蚕からコンニャク栽培へと交替していくと思われる。実際これまで蚕を飼っていた二階の蚕室がコンニャクの乾燥室に改良された。下でストーブを焚いた熱が二階に行き渡るように工夫されている。養蚕からコンニャクへの転換が家屋の利用に表れている。また桑園を潰してコンニャク畑にしている例が非常に多い。

5 コンニャク栽培あれこれ

守屋磯吉さんの話では、元々は山に自然に生えていたものを採って来て植えていた。種コンニャクはコンニャクにしないでとっておく。三年目くらいからとれるようになる。千島熊吉さんの話では、一〇年前から麦よりもコンニャクが主体になってきた。コンニャクの異常発芽を防ぐために麦を植えるのである。コンニャク玉は一一月ころに採り入れる。小さいものは種玉として、乾燥させ室内にとっておき、ほかのものは以前は玉のまま群馬県下仁田に送り出していた。現在(昭和四五年ころ)はカンナみたいなものでコンニャク玉を同じ厚みに切り(切ったものを「セン」という)、それをスズノ木といって小さい篠みたいなものに挿し、吊るして干したものを乾き具合、値段を見計らって売りに出すようになっている。よく乾燥しておけば、いつでも売りに出すことができる。農協で集め、製粉し、下仁田に送るようになったのは二、三年前からである。冬場の仕事で日当たりが悪いので乾燥させるのがたいへんだが、こっちの希望に応じて農協で売ってくれる。相場も割と安定しているのでコンニャクのもうけはまあまあである。子どもを育てるのとある程度同じで楽しみでもある。希望者を募って毎年村で下仁田のコンニャク栽培を視察に行ったことがある。

棚山重明さんの話では、一俵(一二貫)が昭和四〇年は六〇〇〇円もした。値も良かったが、肥料一袋一〇〇〇円もするのを六〇袋も使うのでたいへん費用もかかる。また消毒は、秋・春(春は彼岸ころ、秋は一一月前)行うが一反につき七五〇〇円かかる。たいへん強力なもので夏場はしない。コンニャクは特にシラギヌという流行病が怖く、一日二間くらいの速さで進行していく。しかし雨が降れば増えないという。また、これはコンニャクだけでなく、桑にも伝染することがある。このほかにもベト病という名の流行病があり、根から茎までべとべとになってしまう。新井いわさんの話では、畑はコンニャクからインゲンに代わってきた。インゲンは手間がかからない。

四　和紙作り

紙作りは蚕の種紙に使われることからずっと昔から和紙作りの技術はあったと思われる。いつころから始められたかは不明である。紙作りは冬場の仕事として昔は蚕とともに重要な現金収入となっていただろう。滝前の新井いわさんによると、幼いころカゾ（楮）と蚕が主に現金を得る作物であった。また、煤川の黒沢鶴三郎の妻モトさんが子どものころ、紙作りは女手の仕事で障子や蚕の敷き紙に使用したりした。また同じ煤川でも、黒沢実太郎さんは、紙漉きは自分ではせず、紙は小川町（埼玉県）や大滝から買ってきたという。紙漉きの技術は新井いわさんによると、カゾバヤシからカゾを採ってきて干し、カゾを十把にして竹でしばり、カゾガマに入れる。水をかけてつるべ井戸のようなものであげて皮をむく。そして干して束ねて売った。家で使う分はシャクボウで搔いて紙を漉いた。

1　大堤での紙すき

①カゾの幹を二月ころ採っておく。
②三尺くらいに切って、束ねて釜に入れて湯で蒸かす。
③熱いうちに水をかけて皮をむく。
④干す。
⑤乾燥したものを、灰あくの樽に入れて、灰あくでよく煮る。

⑥川に持って行き、灰汁を抜くためにさらす。
⑦それを絞ったものを板に載せて丸棒でたたく。
⑧タモの根を洗ってはたいたものを布袋の中に入れてフネの中へ溶かす。
⑨フネの中にカゾを入れ、板でよくかき混ぜる。
⑩板の上にミゴを置いてすくう。ミゴは竹を馬の毛で編んで作る。
⑪張り板にはりつけ乾燥させる。

2 煤川の鳶岩での紙すき

煤川の鳶岩の黒沢鶴三郎・モト夫婦の話では、和紙は下記のような手順で作る。
①畑からコウゾの木を尺板に合わせて切り、三尺縄に束ねる。
②大きな釜に水を入れ、針金を張ってその上にコウゾの木を乗せて、桶をかぶせて蒸す。
③コウゾの皮をむく。
④灰、石灰を入れ、大きな釜で煮る。
⑤どろどろになったものをすいて、カゾサシ籠に入れる。
⑥六尺×三尺の板に乗せて、トントンと棒で叩く。
⑦イッカエシ、ムカエシと叩いて、どろどろにする。
⑧それに糊と一緒に手桶、バケツに入れて、それを布袋で搾り、フネの中に入れる。
⑨フネの中でスダレを二回ゆすり、すくい上げる。
⑩三尺の真四角の板の上に置いて、一日か二日暇ができた時、川でさらし、アクを抜く。
⑪タモの根で、糊を取り、それでタケノコの皮の筆を作り、乾台に貼り付けて乾かす。

五　椎茸

日本で椎茸の本格的な栽培が始まったのは、明治の終わりころである。それからほどなくして両神村でも栽培が始まった。川塩での報告に、大正時代、小鹿野高校の高田教頭（昭和四二年七六歳）の父が紙に胞子を落としたのが椎茸栽培の始まりという話がある。以後少しずつ栽培に手を出す家が増えていったが、最盛期は戦後から昭和三〇年ころにかけてであった。椎茸が生産全体との比較で占める割合は明らかではないが、両神村小森の谷の奥にある白井差では、繭、カゾなどと一緒に重要な生業の一つであった。最盛期には村外から栽培に来た者もいた。なかには縁組をしてムラ（煤川）に居残る者もいた。しかし椎茸は「流行りもの」ということで、今から一〇年前がいちばん流行り、現在、椎茸栽培を専業にしている者は川塩に一軒である。

1　椎茸の栽培法

椎茸には春に菌を植えるものと別に夏菌というものがある。シモでは夏菌の栽培ができないが、オクリではできる。次の栽培法は中尾の新井いわさんのものである。

椎茸の菌は春の五月に菌を植える。原木はクリとナラの木で、クリがいちばんよく、クヌギでは樹皮が厚すぎる。しかし川塩では群馬県から菌を持ってきてクヌギやナラに夏菌の栽培を行っている。材木の中心部の「あかみ」は植えてはまずく、白い部分に植える。菌が偏らないために、また一面に椎茸が出るように作業を行う。毎月やればよいのだが新井いわさんの家では年二、三回しかしていない。菌を植えられた材木はあまり日当たりのよくないところに立てかけて置く。材木の立て方に、互いに寄りかからせるものと、四角く互いに積み上げるものがあった。菌は一年半ほど経つと椎茸が出始めるが、二、三年間は採集が可能であるが、新井さん宅では三年目に

菌の駒を打ち込んで日蔭で木を組み栽培

採り入れる。どこから手をつけてよいかは分からないほど椎茸が生えてくるという。原木は秋、葉が落ちて水が揚がらなくなってから、原木の根元を伐り、春まで干しておいた木を使う。

2　椎茸の出荷

以前は一一月、一二月が高値で売れたが、今はそうでもない。川塩の状況は、椎茸生産量二万五〇〇〇キログラム、一キログラムあたり三〇〇〇円～五〇〇〇円、原木はナラ、コナラ。一軒最高売上げ、一八〇万円。ふつう一〇〇万円。生椎茸の一割～二割は干し椎茸にする。煤川の状況は、椎茸は農協の世話で共同出荷する。一〇年前ころから森林組合が力を入れていて指導や品評会などを行うようになった。椎茸栽培は元々山間地で栽培されるもので生業として成り立ったようになった時、比較的早く、両神村にも入ってきたものと思われる。

千島熊吉さんの話では、シモの杉林で作っている。一〇年くらい前からやっている。生シイタケのまま出荷したり、春の値のよいころには生のままで出さず、乾燥シイタケにして少し時期をずらして売り出したりする。農協を通して東京や静岡の方へ出荷する。菌を打ち込んだ木を「ホタ木」というが、ナラ、クヌギ、クリなどの木を使って作る。秋、木の葉が紅葉したころ木を伐り出すのが最もよいのであるが、今ではこの芽がほき出す（芽吹く）前、つまり一一月～二月の間に伐ればよいことになっている。他のどんな木でもシイタケは出ることは出るがやはり量が少ない。秋から春にかけて切っておいた木に四～五月の間に種駒を開けて打ち込む。穴を開けるのに今は穿孔機を使うが、前は「打ち込み鑿」を使っていた。種駒は、種菌会社から買ってくる。原木を十分乾かしてその木のスエクチの直径の三、四倍の菌を打ち込む。駒の数を入れるほど、菌のまわりはよい。芽が出る木には重ねて出る。ホタ木は乾かさないように棒積みにしておく。四〇～五〇センチメートルくらいの高さに一～三か月そのままにしておく。そのことをホタムシという。その後、ホタ木を散らす。つまり積んであったのを壊して斜めに立てかけるのである。その勾配のやり具合で芽が出たり、出なかったりするという人もいる。そしてまた二～三か月後に天地返しというのをやる。菌は湿気のある方に逃げるのでまんべんなく陽が当り、芽が偏って出ないようにするためにするのである。これを年に三、四回はやる。やればやるほどよいといわれている。このようにしておくと、菌は三年目の春と秋にシイタケが出る。夏菌というのもある。これは春に菌を打ち込んで二年目の夏に発芽させるものである。このキノコはちょっと小さい。キノコの芽を出すためにシンスイということをやる。七度以上一七度以下の水に一昼夜漬けておいて、それから棒積みにしてビニールや水筵をかけて放っておいて、芽の出具合を見るのである。芽が出てきたら斜めにホタ木を立てかける。そして芽が出てから四～五月で採り入れる。夏菌は一日に二回取り入れないと大きくなりすぎてしまう。大正時代もいくらかやっていたが、販売があまりうまくいかなくて生産は低かった。

六　山仕事

（一）概要

今はもうなくなったが、明治初年当時は原生林がかなり両神村にあった。原生林の木はブナ、トチなどを含む雑木林だったが、村人が利用するのは、薪炭、用材のほかごく限られたものであった。したがって山村ではあるが、従来基本的には畑作農耕が主であり、焼畑もかなり行われていた。畑仕事の片手間に薪を作ったり、炭を焼いたりして、それを小鹿野の町まで背負ったり馬で運んだりして収入を得ていたぐらいである。山林の本格的利用が始まるのは明治二〇年以後のことであり、それは大きく三つの時期に分けられる。

第一期は明治二十年代に富山（越中）から専業の製炭業者が入り、盛んに雑木の原生林を炭に焼いた時期である。第二期は、炭焼きが一段落すると大正年間に丸共が入り製材用に大きな原木を伐採搬出するようになる時期である。この丸共の進出で両神の原生林の主要なものはほとんど残らず利用されてしまい、畑、桑園に切り替えられていった部分も多いと思われる。もちろん二次林、三次林の雑木林もあったことは昭和三十年代炭が焼かれていたことからも分かる。第三期は、植林が盛んに行われた時期である。建築用材の需要が増すにつれ、杉の造林を盛んに行うようになったもので、特に戦後に盛んになる。この過程でかつて桑園、畑に切り替えられた部分が再び植林で杉の林になっていった部分も多いし、炭も焼いた雑木林は例外なく植林され、現在（昭和四五年ころ）ではほとんどがクロキの山になっている。この山村利用の変化は、村全体の変化を考える上でも重要な点である。ここでは主として山仕事、植林、炭焼きなどについて記述する。

（二）　共有林

明治二十年代に山の炭焼きが入って山林の利用が活発になったが、材木としての山林利用が本格化するのは大正年間の丸共以後のことである。それ以前に用材の利用は、自分の家の建築に利用する程度であった。山でソマコビキがだいたいの寸法に木を切り、チョウナで荒削りして村まで搬出した。搬出、棟上げなどはスケアイでやっていた。

明治初期まで山林の利用価値のなかったことは以上の話からもうかがわれるが、黒沢鶴三郎さんによれば、昔の税金を免れるために、たまたまその山に入って糞をしていたオジイにおっつけたとかで、それがノグソ山と称して川塩辺りにある。このノグソ山は川塩の共有林だったらしいが、このほかにも部落共有の山林があった。煤川の共有林は明治三五、三六年ころ古池の人（現秩父市古池）に売ってしまい現在はない。川塩の山中登一郎さんによれば、川塩には共有林があって、三〇年ほど前にムラの勝手が苦しくなって、登一郎さんの兄に斡旋で一万円で売り、八株七軒に分けた（登一郎さんは二株所有）。この共有林は先祖代々から譲り受けたもので、岩場の五三町歩ほどで、モミ、ナラなどのアサギの類で、共有者以外の権利はなかった。部落ごとに共有林があるのが常で、税金が払えなくて私有林を共有林としたこともあった。現在両神村有林は二五〇町歩ほどあり、公共物を立てたりする時利用しているという。

（三）　丸共（関東木材合資会社）

1　丸共の入村

丸共は伐採製材業者で、大正年間に一時、滝前に数百人を引き連れて原生林の伐り出しを行ったというだけでなく、炭焼き、木地屋、木鉢屋も引き連れていた。今までいた炭焼き、馬曳きに大きな打撃を与え、特に煤川、滝前の部落を一変させた。(共)丸共とムラでいわれている関東木材は、神奈川県の丹沢方面で伐採製材の事業を行っていた会社であるが、歌人の前田夕暮が経営者だった父親が亡くなって、この会社を引き継ぎ、原生林が豊富な両神村の小森谷に目をつけ事業所を移してきた。丸共の入ってきた年は、大正八年である。丸共が入る前にも原生林の伐り出しは行ってはいたが、丸共は伐採した原木を滝前に集め、そこの工場で板材・丸木にしてシモに搬出した。この工場は川沿いの滝前地区内の穴倉下に建てた。丸共の入村と同時に木材をシモに運び出すトロッコ道（トロ道）を敷設した。トロ道を敷設している時、馬曳きとして暮らしていた馬方の反対を恐れてできあがるまで馬曳きたちにトロッコは米俵四俵しか運び出せないと嘘をついていたが、トロ道ができあがると炭を大量に運んだという話が残っている。丸共の入村前の滝前は一〇軒ほどであったが、丸共が入村すると一挙に三〇〇軒ほどにも増えたという。その数ははっきりしないが滝前や煤川に以前から住んでいた人にとっては非常に多くの人に見え、川原の中洲や対岸に長屋が立ち並ぶ様子は驚きだったに違いない。

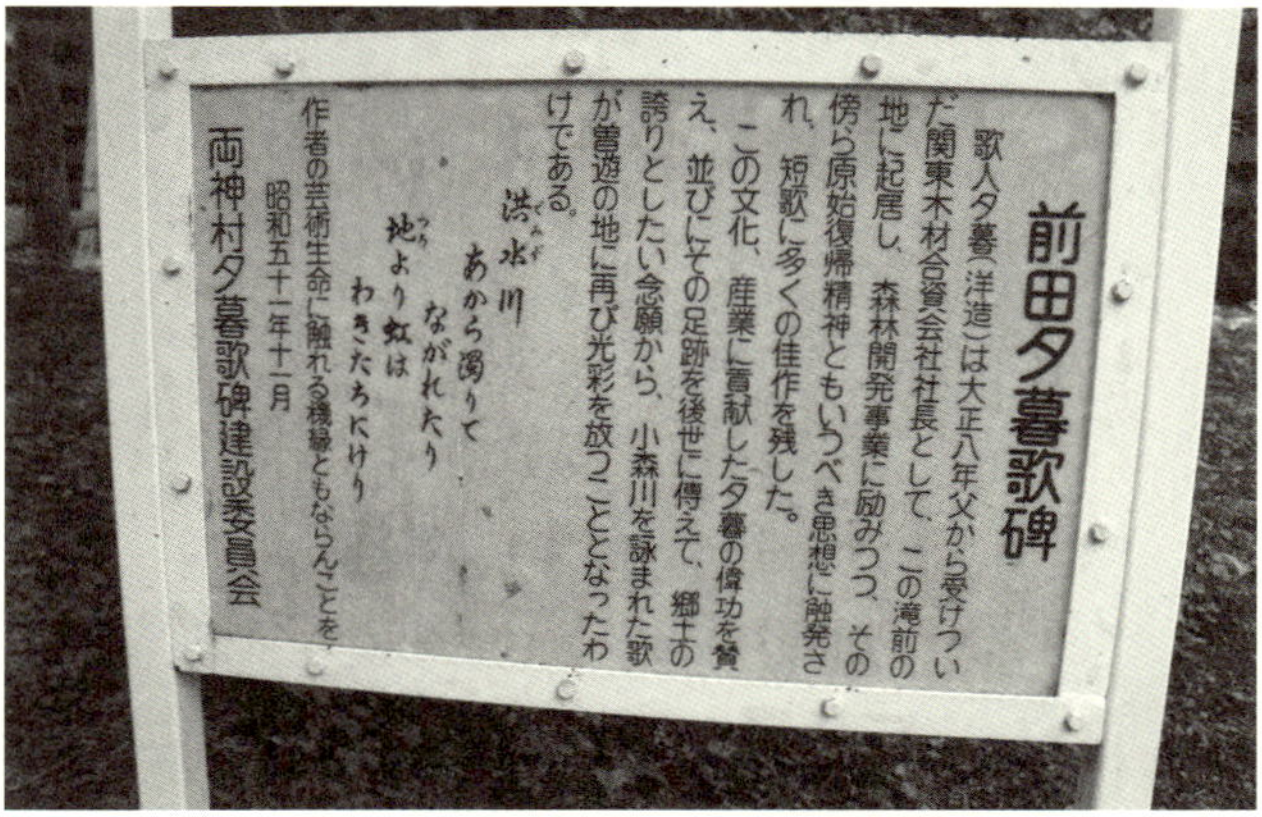

歌人・前田夕暮が詠んだ歌（滝前）

丸共の受け入れ方は、穴倉の工場の敷地を貸すなどしているが、市場、白井差はどうしていたか分からない。煤川の人は丸共がある間、働きに来ていた。穴倉と丸共の合同で、丸神の滝（小森川でいちばん大きい滝）の向かい側の尾根に山の神の石宮を作った。丸共は四、五年で小森谷（小森川の谷）の木をおおかた伐り出すと、

廃校になった滝前の分校（2010年）

大正一四年に隣村の大滝村入川に移って行った。大部分の人は大滝村に移動したが、滝前に残った者もいた。関忠吾さんは丸共の後を引き受け、水車小屋を作り水車で製材をした。人を使って製材を続けた。そして結婚して、穴倉に土地を借り、百姓も始めた。

丸共が大正八年ころに川沿いに木線のトロッコ道を敷き、材木の搬出を始め、それを契機にたくさんの人が滝前に他所から入り、人口が増えたので事業主が、地所を提供してくれれば学校を建ててくれるといったが、煤川では土地を提供しなかったので、穴倉が今の滝前学校（廃校）の土地を提供した。しかし煤川からそこへ通うことはなかった。これは現在に至るまでの煤川、滝前の学校問題の遠因になっており、丸共の進出は滝前部落と親密な関係にあり、煤川はこれに対して否定的な態度をとったようなふしがある。その原因はよく分からないが煤川は富山の炭焼きによって潤うようになったが、丸共の進出が煤川にもたらすものは少なく、滝前の発展に繋がったためである。

2　丸共よもやま話

関忠吾さんの話では、丸共は神奈川県秦野市にあった会社で滝前に入る前、神奈川県足柄上郡寄村の奥三里で製炭、製板をやっていた。丸共は大正八年、木が多くあるということで入ってきた。それから五、六年ぐらいして出て行ったが、本当にやったのは四年くらいだった。この辺の山は共有林だったらしいが、それを丸共に売ったらしい。丸共が入ってからトロ道を作り、大正八年のお盆に入り、関さんたちが枕木を敷いてトロ道を作った。準備に一年くらいかかった。白井差の山中倉次郎さんの山は丸共以前から炭焼きが入っていた。丸共は高見下からヒキイタの沢（森戸の沢の対岸）まで伐る。トロ道を敷く際に馬方の反対は別になかった。丸共以前に山中倉次郎さんの山林を伐っていた人が川を堰き止めて木を流したことがある。丸共のトロッコは、一日一回上下して二台連結までできた。トロッコ二台で一三尺の木を運んだ。一台で五石くらい積むことができる。トロッコは全部で二〇台、下ドロ（下りのトロッコ）、上ドロ（上りのトロッコ）各一〇台ずつ。上ドロは味噌、米などを積んで手で押し上げて来た。丸共の工場は第一工場と第二工場があり、土地は穴倉のもので人もずいぶんいた。丸共が入ってから馬方はない。人夫は丸共が雇った。丸共の木地屋には瀬戸さん、馬場さんがいた。

関さんは丸共が大滝に行ってから、大滝に二年くらい行っていて、それから戻って丸共の残りの仕事をやった。その時丸共のトロ道を年間いくらで借り、木を伐り出した。山中倉次郎さんの山を借り、炭やお盆のアラ木を出した。お盆のアラ木は小田原に出した。塗りは小田原にはかなわなかった。

（四）丸共の転出後

もとより丸共による山林開発はキバチ、ウスの生産だけではなく、用材としての材木の伐採、搬出が行われたもので、この仕事には他所から入ってきたものだけではなく、村人の多くがこの仕事にたずさわったと思われる。丸共の転出によってこの山林業は衰えるが、技術的な要素は村に定着したのであり、その技術を得て他府県への

伐採に使用した各種鋸

出稼ぎが盛んになるのは、丸共以後のことと思われる。つまり、丸共が入って製材、その搬出を行うようになったのが大正八年からである。このころから村人の仕事に伐採、搬出などのキコリ、ソマビキなどの仕事が加わったのであり、その知識、経験が、最近に至るまでの他府県への山仕事の出稼ぎに行ったりする基盤をつくったと思われる。黒沢登さんも、昭和一〇年ころに北海道、山梨方面に伐採、木出しの仕事に行っている。一二月ころになると手配師がシモからやって来て人夫集めをして契約し、四月ころ迎えに来た。現地で飯場に入り、秋まで働いた。

両神での山仕事が多かったのは丸共のいた大正八年から丸共が出て行ってしばらくたった昭和一一年にかけてのころであったらしい。他府県特に山梨には、山仕事の関係で付き合いもあり、煤川の人でそこに住み着いた人も二、三人いたり、黒沢幸四郎さんの妻はその三富村から嫁に来ている。黒沢庄一郎さんによれば、以前は若い次三男は信州、甲州へ出稼ぎに行ったが、仕事はキヤといって、山から切り出した材木を筏に組んで、トビを持ってその上に乗って川の水を溜めて下流に流して行く。黒沢宇一さんも若いころに出稼ぎに北海道、日光、静岡、千葉へ出かけた。仕事はやはりキダシが主であった。この種の出稼ぎは秩父周辺での土木工事の日雇いの仕事が増えるにつれて無くなったらしい。黒沢太三郎さんも北海道、日光、静岡に出かけており、両神からの出稼ぎはこの方面に限られていたようである。川塩の山中恒吉さんのようにこの山仕事の出稼ぎが専業化してほとんど一年中あちこちの山を渡り歩いた経験の持ち主もいた。

(五) 伐採・植林

植林が始まるのは、富山の炭焼き、丸共の原生林の開発などが終わってからであり、特に戦後盛んになる。しかしそれ以前から植林も始められていたようで、黒沢鶴三郎さんによれば、五〇年ほど前、鹿沼の人から植林がよいと勧められて始めた人がいた。しかし本当に盛んになるのは二〇年くらい前からで、初めは信州のブローカーに売っていたが、次いで富山の人に売り、以後秩父森林組合に売った。九九〇町歩あり、このころから林道が造られた。棚山重明さんは富山の炭焼きの二代目であるが、この地に山林を買い、かつての炭焼きを廃業して、コンニャク、養蚕とともに植林に精を出している。現在三〇年ものの木を売りに出し、これらの木は一本が三石(木材は直径一尺、長さ一〇尺を一石とし、一石三〇〇〇円)くらいであった。土木などの常日雇いの仕事が増えてくると、村人の営む植林関係の仕事の人手が村内では賄えず、人夫を千葉や茨城から来てもらうこともあると黒沢喜太郎さんは言っている。出荷先は決まっていて、二六年目ぐらいのものを出す。杉、檜、雑木で、消費地は関東一円、池袋によく出されるそうである。材質はムジ、ピンカリ、サラスなどに区別され、製品はコミソザイにして問屋に出す。

炭焼きに精を出していたがその後植林に替わった例は小森マトシさんの場合もそうで、森林組合へ出す。山中林太郎さんは白井差の山持ちであるが、原生林を伐った後、雑木にしておくか、杉、檜を植林する。杉は三〇年くらいほどで育つが、値が合わないので、なまじっか持っている方が損で、年によって材木の値の高低があるので値上がりすると思って植えているとのことである。

川塩の多比良一秀さんは、県関係の山林の管理を仕事としており、山のことに詳しい。川塩のオクリは昔は本業といえば炭焼きで戦後から昭和三〇年までは何といっても炭焼きがいちばんだった。植林前の山は雑木で木を買って焼いていた。両神村内での山持ちはたいしたことはなく、隣村の荒川村の人が四六〇町歩くらいこの両神村に山を持っている。

シモの人に山持ちは少ないが、次には局長（大谷）、穴倉、堂上の今井さんあたりがこの村の山持ちである。川塩の山中登一郎が植林を始めたのは一〇年くらい前で、もとは畑だった部分も杉を植えた。雑木林を植林すると県の奨励金が利用できた。雑木林を伐り開いて焼いた後にまずソバを植えるが、その後に杉苗を植えていく。このように畑に植林し、雑木林を杉山に替えていった例は多い。多比良さんもこの例だが、杉材を売るのは二五年～三〇年もので、一本一五〇〇円～二〇〇〇円する。一〇年間はきれいにするのにかかり、一三年目ぐらいに間伐し、それは足場用材として売れ、五〇〇円～六〇〇円くらいである。三〇年間に三回の間伐をして植えた苗の三分の一を残すのが理想的、六〇年おけばふつう一石当たり三〇〇〇円のものが一万円にもなる。植林業は一代だけではだめで、大きくなりすぎて値が悪くなるということはない。川塩あたりでも持ち山の動きは激しい、最初コンニャクをしていたが、シモの方でやるようになると、そちらの方が有利なので、植林に切り替えていくのが多い。本人は県営林の管理をしており、下枝刈りなどが常の仕事である。

昔は材木を売ることはなかったので、薪などに利用した。薪は戦後から売れ出した。山の植林は土地を借りてすることもあり、その場合は五年、一〇年と契約して、六分四分の割合で分ける。世話はもちろん借りた人がする。煤川では山仕事をしていた人が常雇いの日雇い土木人夫に行く人が多くなったが、これができるようになったのは昭和四一年ころからで、それまでは山仕事で伐採・下刈り・地ゴシラエなどの仕事で生計を立てていた。このように山仕事なり土木工事の仕事なりができるようになって次三男が家だけ建ててもらって分家分出する時期に対応している。

大堤の守屋磯吉さんの話では、杉は植えてから二五年くらいで伐り出す。戦争中は四〇年くらい伐らなかった。アサキとは濶葉樹（カツヨウジュ。広葉樹と同じ）のことをいい、今ではほとんど利用価値がない。戦後クロキつまり針葉樹（用材に適した杉や檜）を植えるようになった。

このようにして両神の山林は多くが植林によるクロキの山になっていったので雑木林はわずかしか残っていない。したがって雑木林を利用した炭焼きはなくなったが、チップ材としてわずかに利用されている。杉、檜に条件のよほど悪いところでないと雑木林は少なくなっていった。雑木の栗があり、これはヨタギといって杉の育たない所でも育ち、柱、用材に利用できるので昔から植えてある。守屋英男さんの家も二〇〇本くらいの栗林がまだあり、栗拾いはシモの方から人がやって来て自由に拾えた。そのほかに村には柿の木もたくさんある。日照時間が少ないので良質のものはできないが、干し柿にして出荷することもある。守屋英男さんの家にも柿の木がたくさんあるが、去年は人手がなくてとうとう出荷しなかった。

黒沢庄一郎さんの話では、丸共が入村する前にも林業とくに伐採を行う人はいた。その当時はテッポウで木を出した。

（六）伐採の出稼ぎ

棚山重明さんの話では、今、原木は一万円する。クロキ（杉）はだいたい三十年ものを出し、アサキ（雑木）は十五年ものを出した。いい所で杉一石三〇〇〇円であるけれども現在チェーンソーを使って木を切ると一人当たり一日三五〇〇円の手間がかかるから、その人件費だけでもばかにならないのだ。とくにアサキの山は売ろうとしても買い手がなくそのままにしてある。アサキのヤマを伐ってクロキを植林しようとしても人件費がかさみ、かえって放っておいた方がよいからである。現在山一反歩二、三万円である。今は林業関係より砕石関係の方が山に目をつけているそうで、この沢はなかなかいい石があるようだ。昭和四一年、川塩に砕石を採る両神興業という会社ができ、盛んに砕石を掘り出している。もし平らになるまで掘り続ければ二〇〇〇年はあるそうである。林業をやっている家は、ふつうクロキを四、五万本持っている。北向き斜面は育ちが悪く、冬は苗木を植えても枯れてしまうことがある。そこで二年間くらいは冬の間、根を伏せて土をかぶせておくことがある。

伐採業をして自分は各地を転々としてやっと東山梨に落ち着いた。そこは広瀬（三富村）というところで自分一人で行った。それ以前は信州から甲州にかけて転々とし、大井川の上流までも行ったことがある。それは山仕事があるといううわさを聞いてそこへ出かけるので雇ってもらう会社がなかった時もあり、三日飲まず食わずで歩いていたこともあった。しかし会社が決まれば泊まっている宿代金なども払ってくれるし、一日働けば当時一円五〇銭貰えた。しばらくそこにいたが伐採技術は親が炭焼きだったのでうまく鋸を使うことができ、仕事もひとより多くできたので、じきに親方になり仕事を任された。今の子どもたちはそこで生活していた時に生まれた。自分が親方をやっていた関係で煤川の人も多く呼んだ。給料も高かったので、そこに住み着いた人も何人かいる。一度煤川に帰って家に落ち着いたが山仕事でまた日光へ出かけたことがあった。その時は一日働いて一七円貰うことができた。三〇歳を過ぎたころである。ここにチェーンソーが入ったのは五、六年前のことである。

黒沢モトさんの話では、下草刈りはクロキを植林したあと、その周りに生えている雑草をとらなければならないが、植林して三年までは年二回行い、その後八年目までは年一回行う。それ以後は三年に一回だけ下刈りをする。

黒沢虎一さんの話では、北海道に伐採をしに一一年間行ったことがある。しかし雪が降り始めるころになると冬の間は仕事が無くなるので家に帰って来た。やはり伐採で樺太へも行ったことがある。それは二年間だったが、樺太には北海道以上の良い木があり、北海道と違って木を全部勝手に伐採してよかった。その当時北海道は農林省の管轄であって勝手には伐採できなかった。自分は北海道にいて一万石ぐらい木を切ったと思う。給料は煤川の三日分はくれたので、こっちにいるよりよいと思った。自分は大谷のサクダイセキという人に招かれて北海道へ行った。この人は前から北海道へ行っていた人で、その人などを世話した北海道の人は、札幌の畑中十兵衛という偉い人だった。その当時北海道へ行くのに三日三晩かかった。運賃は往復二〇円もしなかったろう。そして北海道での仕事は一日七〇銭貰えた。これは大正一二、一三年ころである。飯場は二〇〇人も一緒に住んでいるような所で、雨の日など仕事がない時はたいへん騒がしいものだった。その中でも関東から行った者は素性がいちばんしっかりしていた。煤川から来た人もいた。そして北海道に住み着いてしまう人もいた。北海道や樺太は本当にこっちと違う。桜は花と葉が一緒に出るし、冬場の寒さは特別である。酒もこちこちに凍ってしまい氷で買って来る。それをバケツの中に入れてストーブの上に置き、溶けたものを飲んだ。秋になって鮭が川に上ってくるのもまた見事だった。それは川の近くで聞くとざわざわ音を出して聞こえる。熊もその鮭を捕りに来ることがある。北海道の熊はとても大きく何人かで狩りに行ったこともあった。北海道の木を伐る時は沢に木を敷いてその上を伐った木を滑らせて降ろした。馬ソリも使ったこともある。それらの伐った木を集めて、川からテッポウで下へ出したこともある。自分は石狩川の上流で仕事をしていた。アイヌとも何人か友達になった。太平洋戦争が始まる三年前、ソ連から攻めてきて、北海道にいると内地に帰れなくなるというデマが飛んだので仕方なく帰ってきた。北海道から帰って日光へも行った。日光の裏の古峰山にはいい杉があった。その他には山梨県の三里村（現早川町）に行ったこともある。

煤川の黒沢実太郎さんの話では、必ず「昔はひでえもんだった。」というのが口癖のようだった。丸共入村以前から木を専門に伐る人がいた。その当時一日働いて三五銭だった。また煤川の人はほとんど炭焼きをしていたし、分家できない次三男はほとんどキヤや伐採をしていた。この谷一帯はほとんど原生林だったので太い木の中には発破を仕掛けて細くし、それを炭焼きに売っていた。黒澤鷲太郎という人などは一三歳の時からキヤとして外へ出稼ぎに行っていた。当時、山を買うものはバカを買うと言われ、山を買う人はただの一人もいなかった。

(七) 丸共関係者のムラへの定着

大正年間に入った丸共関係の人で滝前に住み着き、現在(昭和四五年ころ)もある家が二、三軒あるが、関忠吾さんはその一人で、製材の技師みたいな仕事をしていた。工場は下の方にあり、その後たくさんの人が来て住み、長屋みたいな建物が河原に建ち、店もできていた。この様子は煤川に炭焼きが入った当時の活気を思い起こさせる。関さんは丸共が大滝方面へ移ってからも夫婦で住み、百姓仕事を始めた。群馬出身の人で、丸共の後に個人で製材を続け、水車小屋の水力を使った製材機械を開発したりした。丸共が入った当時はここに道はなく、尾根の上の方を馬道が通っていた。そしてトロ道ができ、それが現在の川沿いの道路のもとになった。関さんは定着してからは穴倉、煤川の人から土地を借りたが、借りにくいということもなく、手間を払っていた。またいつも「丸共さん」といい、さらに丸共が村の開発に大いに役立ったことを高く評価していることが言外にうかがえた。

七　炭焼き

(一) 概要

かつて炭焼き製炭業は両神村の生業として重要な現金収入源であった。『新編武蔵野風土記稿』にも養蚕、製紙とともに古来炭焼きが行われていたと記されている。これは秩父山間部の村においてはほぼ相似た状況であった。この炭焼きは村の変遷を考える上で極めて重要な意味をもっている。

明治年間にもおそらく二十年代に富山県(村の人は越中から来たとしばしば言っている)から、この地の雑木林の豊富なことに目をつけた専業の炭焼きが入村してきており、始めは現在の煤川部落の辺りに何十家族も小屋掛けして住み着いた。これが村外者の入村の始まりであったが、それと同時に炭焼き技術上における大きな変化をもたらした。それまでは小さな竈でわずかばかりの炭を焼いていたにすぎなかったが、専業者の竈は大きく良質の炭を焼いて、大量に出荷した。それは確かに村における一つの時代を画した。その後、富山の製炭専業者が村を去り、いなくなってからも製炭技術は村に定着し、その後も村人による炭焼きは続けられたが、その技術は富山の炭焼きから得るところが大であった。

さらに第二次世界大戦直後からしばらくの燃料不足の時期に炭焼きが盛んになった。この当時には村人のほとんどが、何がしかの製炭に精を出している。川塩の多比良一秀さんもそういう一人で、これでその当時の生活の基盤を得ていたという。石油燃料の普及が炭焼きの寿命を短いものにしたが、昭和三〇年ころまではまだかなり炭を焼いていた。それ以後炭焼きは次第に減っていったが、それは村における生業の盛衰と関連しており、炭を焼いた雑木の山には、杉が植林されていった。現在では近いところには炭焼きの雑木はなく、ごくわずかの人が炭焼きをしているに過ぎない。多比良一秀さんの説明によると（二）の炭の焼き方は彼が戦後炭焼きに精を出していたころのことであり、現在は全く炭焼きをやってなく、秩父市営の山林の管理の仕事をし、畑のコンニャク栽培を主に生活している。

(二) 炭の焼き方

炭焼きは焼き方に黒消し（黒炭）と白消し（白炭）の二つがあり、技術的には後者の方が難しいし、炭の値段も高い。

黒消しは、まず竈を築かなければならないが、石が要るので山の中で石のありそうな場所を選んで石垣でめぐり（外壁）を作り、それに五分（一寸の半分）の厚みでねば（粘土）をつける。マンジュウ状にした粘土のめぐりに段々にくっつけて、それを鏝（こて）でならしていく。竈の中央に三尺の木を立てる。この竈の中に木を入れて、入口で火をつけ、静かに二日間ぐらい燃やす。ケブダシから煙が出てきたら口から団扇であおいでどんどん出るようにする。ケブダシのところに細い木をつけると、そこにコールタールのような黒いヤニが出てくる。このケブダシの調節で燃やす時間を調節する。長時間かければ良質のものができるが、短いと軽い炭ができる。

ケブダシから青い煙が出てきて、その煙が消えるころ、空気の入る隙間がないように前の口を二重に塞ぐ、これで竈の火が止まる。二四時間経つと火は消えるが真っ赤になっているので、その木を持ち出すことはできない。だから三〇時間ぐらい置いて外へ掻き出す（二四時間で掃く時には三人くらいで交替してやらないと熱くて我慢できない）。竈に二度目の炭を焼く時には三尺の木の上にのせ木をする。それをしないと下の炭の減りがひどい。ふつう、のせ木した炭は高さにして三寸短く、太さにして三分の一になり、質も悪いものであった。こうして一つの竈から四貫の炭俵が三〇俵できた。以上が黒消しといわれる炭の焼き方であるが、白消しは技術的により困難である。

白消しの竈は八尺×一〇尺で、黒消しの一〇尺×一二尺よりは小さ目に築き、火力が強いので天井の部分にも石を積み重ねる。竈は一五、一六人が共同して築くので、手助けがどうしても必要である。竈を築く際は一種のお祭りみたいなものである。白かまの作り方は難しい。石の間口に粘土を詰めるのは黒消しの竈作りと同じであるが、ケブダシの勾配の要領が炭のできの良し悪しに関係する。ケブダシからの青火が五、六尺くらい出るようにする。木を入れて火をつけるが、最初は火がつきにくいもので、二度目以後は速い。煙が青ケブになってきたころ、前の方から風を入れる。人の指くらいの穴を開け、ネラシネラシして様子をみる。炭が金色になってきたら土を取る。ケブダシに火を近づけると火がつく。青火の高さは五、六尺に調整する。炭が焼けたら金属製のエブリで炭を掃き出し、土を何回か燃やしていると灰ができるが、これをゴベイといい、それを灰にかけて火を消す。そしてゴベイに混じっている炭を掻き出す。ねりかえしをして出来上がりである。炭の大きさによって、竈で選定し分けて後に俵詰めをする。一本の竈から二八～三〇俵の炭ができる。

二度目以降の注意は竈を決して冷やさないこと、冷えると良い炭ができない。そのためにも頭巾を被って、竈の中に入って木を入れたりする。天井の中心近くは八尺、周囲は五尺ぐらいの高さに木を詰める。黒消しと違って火を掻き出さなければならない。これはガスだけを抜くためにするのが目的である。

多比良さんの奥さんは一緒に山に入って小屋掛けして炭を焼いたが、戦後いちばん熱心に炭を焼いていた時には一つの竈で二五俵くらい、これを三日で仕上げ、一か月にして三〇〇俵余りも焼いた。まさにヒガマをたいたもので、寝る暇もなかったほどであったという。竈がまだ熱く火の粉がちらちら、炭焼きの仕事は疲労しやすいので、ふつう冬場の仕事にしている。冬には作物の手入れもないし、都合がよい。夫婦で炭を焼く時は、夫が掃き出した炭を妻が掃き集め俵に詰める。俵はカヤで作ったもので、このカヤは十五夜過ぎるとカヤが硬くなるので、それを刈って干しておき、夜なべ仕事に編む。

(三) 富山の炭焼きの継承

多比良さんは戦後の炭の景気がよいころには、三人の若い衆を使って焼き、一か月に九万円も残った。そのころは本気で炭を焼いていたもので、川塩からオクリの部落では昔、本業といえば炭焼きを指すようなものだった。終戦時から昭和三〇年にかけては何といっても炭がいちばんだった。今のように植林してしまう前の山は雑木で、その山の立木を山持ちから買って焼いた。現在、炭焼きは全く引き合わない仕事で、かつては一俵焼くのに手間賃を払ってももうかったが、今は三俵焼いても人の手間を払えばもうけはない。外にもっとよい仕事があるので炭を焼く人もなくなった。

こうした多比良さんの例にみられる戦後の炭焼きブームの技術的伝統は、富山の炭焼き職人によってもたらされたものであった。

煤川の黒沢鶴三郎さんによれば富山から炭焼きが来たのは明治二〇年ころで、そのころはまだこの部落周辺には原生林がたくさんあって、その木を炭に焼いたものであるという。しかし以前から村の人も炭を焼いていたのであり、黒沢三代吉さんは富山の人たちが来るまでは多少やっていた程度だという。富山の人たちが来てから炭の量は二、三倍に増えた。そのまま煤川に定着した富山の炭焼きの子孫である棚山重明さんによれば、月産一五〇〇〇俵も焼いたそうで、重明さんの父と弟が最初にここに来て、それが成功してから他の人たちが四〇〜五〇人も山に入って焼くようになった。当時の炭の一俵は八貫で一二銭であった。これを馬に担がせて外に出したが、三二貫を背負わせ、これを一ダンといった。

この富山の炭焼きとともに村には、その炭を運び出す仕事をする馬曳きが増えた。また黒沢庄一郎さんによれば、今から五〇年くらい前には煤川には馬が二〇頭もいて、炭の運搬をしていた。広河原部落のあたりに炭焼きが三〇人もいて、馬曳きは毎朝四時起きして、小鹿野まで運んでいき、帰りは夜の七時になった。運賃の一円で、米なら一斗五升買えたころである。黒沢実太郎さんによれば、その後、富山の炭焼きたちは次第に村を去り、多くは寄居（埼玉県寄居町）のあたりに住み着いたらしい。富山の連中は八貫俵で四〇俵ぐらいをいっぺんに大きな竈で焼いた。おまけに富山は米どころで、連中は米の飯を食って栄養をつけてパワーがあり、こちらはワリメシ（米に麦を混ぜた飯）を食っているので、とうていパワーではかなわなかった。一方に炭焼きは人間ではないといった見方もあって、棚山重明は父が村の女と結婚する時に反対にあった様子を語っている。その祝儀の時に村の人は誰も寄りつかなかったという。よそ者の扱いだった。

しかし炭焼きはお金を現実に持っており、固い人間で喧嘩もしなかったという見方もあり、村人は馬曳きとして炭焼き経済に依存する面も現実にはあった。そしてより重要なのは技術面における革新と村人のその技術の習得である。庄一郎さんによれば、以前にも村で炭は焼いていたが、質量とも劣り、一竈で四、五俵ぐらいなもので竈も小さかった。それに対して富山の竈は四〇〜五〇俵も一度に焼いたので、村の人はびっくりして、その後富山の竈をまねし始めたという。富山の人との力競べでの話では、庄一郎さんが二四、二五歳のころ、煤川の連中と富山の連中で二七貫の土俵を担ぐ力競べをした。富山の連中は軽々と担いだが、煤川の連中には担げる人がいなくて、ワリメシを食っている者では担げられまいとあざけられた。とうとう最後に煤川の一人が担ぎあげて見せたので、それで喧嘩になったことがある。当時の馬曳きの運賃は九〇銭で、六俵積んだ。炭一俵の値段は五〇〜六〇銭だった。滝前の黒沢花吉さんも今（昭和四五年ころ）から五〇年前のこととして富山から来た炭焼きのことを覚えている。それ以前から滝前の人も炭は焼いていたが、富山の人は頑固で、焼き方も大きく、小鹿野の松村屋からお金を借りて、風呂敷一枚の身でやって来て炭を焼いた。土地の人では田畑を借りてまで炭を焼くにはいかなかったが、連中は借りたお金で思い切ったことをした。花吉も若いころ（一九歳）炭を焼いたが、そのころの山は雑木林で、クリの木は枕木として出し、雑木は炭にした。炭は小鹿野まで四、五俵を馬に背負わせて持って行き、そして一俵は自分で背負った。八貫俵全部で一円六〇銭くらいになった。米ならそれで一斗五升買えた。

富山の炭焼きは、その後ほとんどこの村から出て行ったが、今でも山の中にその人たちの炭を焼いた跡が残っている。技術を習得し、その後村人が大きな竈で焼くようになった。それによって生計を立てる上で炭焼きの比重は大きくなった。黒沢実太郎は他人の山を買って炭を盛んに焼いたという。それは一一月から四月にかけてと寒い時期であったが、分家の人たちは一年中炭焼きをしていたという。現金収入源として重要であるばかりでなく、分家のような畑の少ない者に生計の手段として有効なものだった。先の多比良さんの場合も同様である。おそらく富山の炭焼きが去って以後は比較的安定した形で炭焼きが村で行われ、しかもそれは次三男分家などの生計の手段としてきわめて有効なものであったし、丸共関係の仕事が入る大正年間までは唯一の現金の収入源ともいえるものであった。そうした伝統の上に、戦後の炭焼きブームが到来したのであり、炭の需要がなくなる三十年代まで続いた。

(四) 黒沢松五郎さんの炭焼き

松五郎さんは昭和一〇年ころ炭焼きを始める。現在は、炭焼きと山仕事で生計を立てている。炭はシロケシを焼いている。富山とここでは技術は同じ、富山の方が雑だったかも知れない。炭はどこへ行っても良い程度に数を作って出す。一日五俵の割で焼かなければ合わないが、毎日続かない。一日三俵くらいになる。朝四時から夕方六、七時までやる。一俵七二〇円。一俵木一二〇円～一三〇円。カヤタワラ五〇円。一日一五〇〇円くらいになる。最近、山は見積もりで面積があっても木が少なくなってきた。木の伐り出しは一坪伐るのに足場が悪いところで二日、ふつう一日かかる。木を伐って炭を焼くまで三日かかる。仕事は炭焼き半分、山仕事半分で、炭の出荷は農協と個人の注文とがある。炭を焼く木は太い木が良い。火をつけて天井に火が回ってくる加減が難しい。火をつけたら「クド」を小さくする。自分が炭を焼く時は、秩父森林組合の仕事をやっている関係で安く分けてもらえる。ふつうは一俵原木で二〇〇～三〇〇円だけれども、森林組合では一〇〇～一五〇円で売ってくれる。

1 黒沢松五郎の炭焼きのタイムテーブル

①朝六時二〇分、自宅を出発。松五郎さんは背負子、鎌、弁当だけを持ち、頭に手拭い、足に地下足袋を履い

て出た。山道は沢に沿ってつけられており、やや急な傾斜になるところもあり、時々砂利が敷いてあるような道もあった。道幅は狭く、杉木立の中の道を過ぎると、人の踏み込んだ様子はあまりないようになる（たぶん松五郎さんだけが通る道であろう）。道に沿って左側はきれいに杉が植えてあり、寿命一〇年くらいで、これは森林組合のもので、松五郎さんが下刈りなどを頼まれてやるという。途中、炭俵の上底に詰めるヤマブキの木を鎌で切って背負子につけて運ぶ。

②朝六時五〇分、細い石が敷き詰めてある急な道を登り切ると小さな平場が開け、その真正面に石垣のような炭焼き窯が横たわっている。幅五メートルくらい、高さ（高い所で二メートル）あり、中心から両端に行くに従って徐々に低くなっている。松五郎さんは先ず一服する。

③朝七時、窯の中心に口があり、五〇センチメートル四方の穴が開いていたが、さらにその上部を崩し、高さを一・二メートルまで広げる。ここを覆っていたものは石とネバが焼けて固くなったもので容易に崩れ落ちた。

④朝七時一〇分、すぐに隣の沢に集められていた原木を竈に運ぶ仕事が始まる。沢の高いところから順々に

炭焼きの竃を造る松五郎さん（滝前）

エブリで炭を取り出す（滝前）

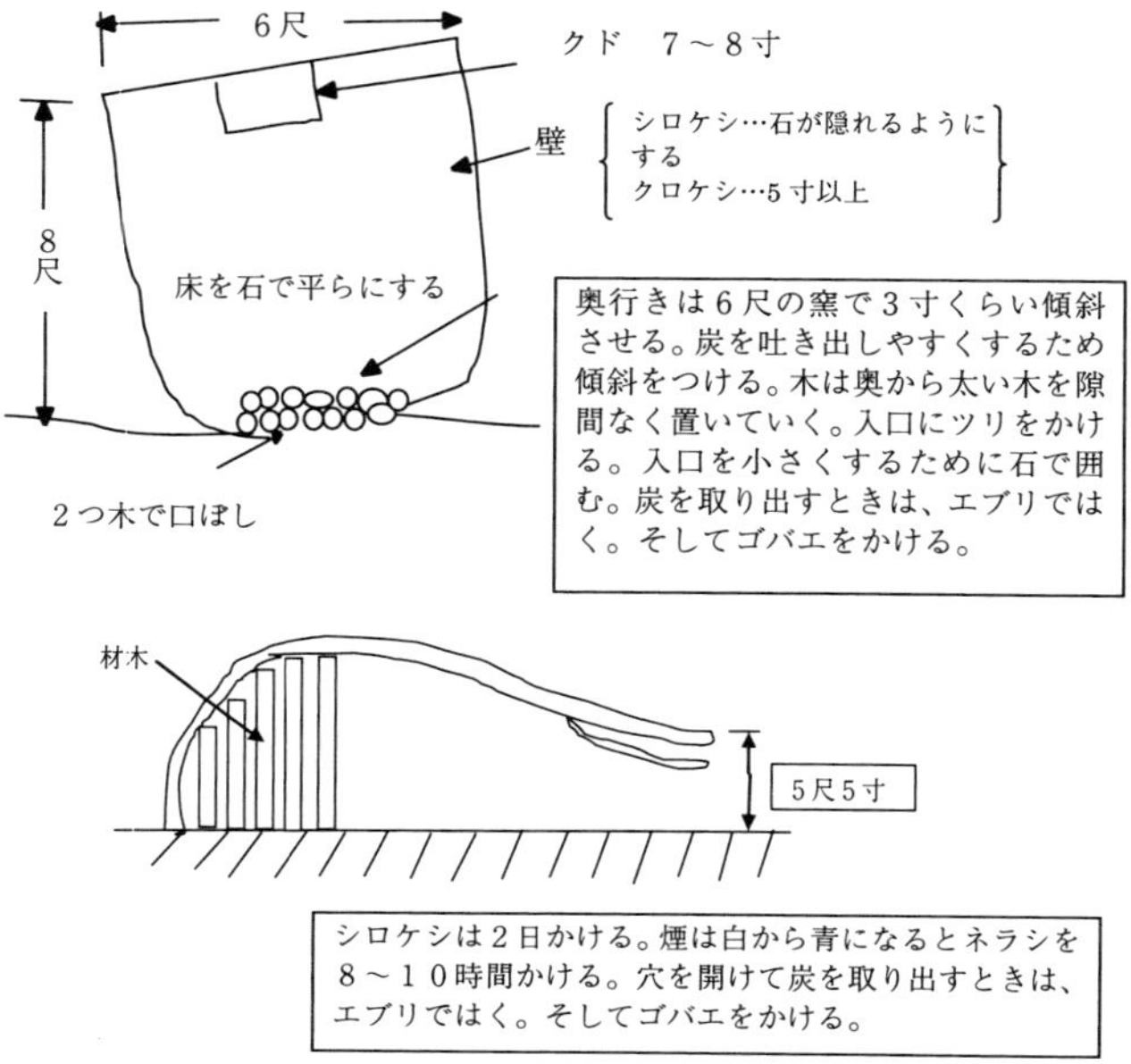
6尺
クド　7～8寸
壁
シロケシ…石が隠れるようにする
クロケシ…5寸以上
8尺
床を石で平らにする
奥行きは6尺の窯で3寸くらい傾斜させる。炭を吐き出しやすくするため傾斜をつける。木は奥から太い木を隙間なく置いていく。入口にツリをかける。入口を小さくするために石で囲む。炭を取り出すときは、エブリではく。そしてゴバエをかける。
2つ木で口ぼし
材木
5尺5寸
シロケシは2日かける。煙は白から青になるとネラシを8～10時間かける。穴を開けて炭を取り出すときは、エブリではく。そしてゴバエをかける。

黒沢松五郎さんが造った炭焼きの竈

少しずつ下へおろしていき、太い原木と細いものとより分けながら竈の近くまで運ぶ。一本は太いので直径三〇センチメートル、細いので一〇センチメートルくらいだが、その木を竈の中に入れる方法は太いものをなるべく奥のクドの周辺に並べ、一本の木については細い部分つまり上の方を下にして、太い部分つまり根に近い部分を上に向けて立てかける。これは火のつきをよくするためである。沢に集められた木がほとんど窯の中に収められると、竈の口のそばに栗の木（太さ二〇～三〇センチメートル、長さ七〇センチメートル）を数本立て、ほかに乾いた細枝を並べる。これはシロケシを作るためのものであるが、木をこのように竈の中に入れる時はいつも非常に竈が熱い時に行う。昨日のうちに炭を出して、竈を空にして置いたから、今日は竈が冷えてしまったのであまりよい炭ができないと言った。木を竈の中に並べる時、我々もその中に入ってみたが、冷めたとはいえ、その中はかなり暖かかった。

⑤朝一〇時、全ての木を竈の中に入れ終わり、竈の口の崩した所の上部に石を積み重ねるその手法は、巧みで石の一つ一つの隙間に崩して散ったネバを集め、それに水をかけて再び泥にしてていねいに詰め込むのである。一、二か所それを詰めるのを止めて隙間を空けたままにしておく。それが燃え始めるまでの火の調節孔であり、最後に火の色調を見る孔にもなる。

⑥朝一〇時一〇分、崩した上部を積み重ねた後、細枝の皮を剥ぎ、それに火をつけて窯に点火する。その後、前日の雨のために木が水気を多く含んでいたせいか、煙を多く出していたが徐々に火力が強くなり、後方部のクドからも煙が出るようになる。

2　黒沢松五郎さんの造る四貫匁二〇俵の竈

ドウボリを二～三間して、石で周りを積む。この松五郎さんの竈は、以前はこれよりも大きいものだったが、使いやすくするためにかなり小さくした。松五郎さんはほかの人に頼まれてずいぶん作ったという。竈は横六尺たて八尺で四万円かかる。作るのに二〇日を要する。現在では竈を造る人はほとんどいないが造る人でも手間賃（一日二〇〇〇円）でもやらないだろう。竈を造る時、ネバだけでもバケツに六〇杯も要る。以前は窯を一つ造ると天井上げの日に祭りのような騒ぎをしたものだが、今は自分で作った後、自分一人で酒を飲む程度である。

（五）炭焼きよもやま話

1　守屋八郎さんの炭焼きの話

自分のところの山だけを焼いていた。治郎さんも少し焼いたことがあった。守屋孝吉さんの弟が終戦時分炭問屋をしていたので、そこに売りに出した。一俵は五貫目。それを馬なら五俵、車なら一〇俵を小鹿野まで運んでいた。戦後一〇年間くらいまで炭焼きをしていた。薪を作ったこともあった。シロケシ、クロケシの両方をやっていた。初めにシロケシを焼いた後クロケシを作る。一俵いくらで売った炭は値段の上がり下がりが多いが、一俵五〇銭くらいであった。農家だから炭焼きは冬仕事としてやっていただけで、炭の検査員がいて、検査しないと売ることができなかった。自分の父親のころは、小鹿野の市田谷商店に売り出していた。そこは雑貨商で現金をもらうことがあったが現物交換の場合もあった。大堤の山はまだトバ(谷の入口に近い)だから木の数も少ない。オクリの方は一年中炭を焼いていた。ウチでだんだん竈の作り方などを教わっていった。一カマから五～六俵分の炭が焼けた。竈は幅四尺、高さ五～六尺くらいである。

2　大堤の守屋磯吉さんの炭焼きの話

炭焼きは、あっちの山こっちの山と買っておいて順番に焼いていった。焼いた炭は「焼き歩焼き歩」といって一俵いくらで問屋に買ってもらう。売るための炭を焼くようになったのは大正の末期ころからで、それまでは一一月から四月ころの間は仕事がないので、自分の山の木を自家用炭にするために焼いた。自分の父は昭和二〇年ころまで炭焼きをしていた。若い衆は炭焼きを嫌がるようになり、だんだん材木出しの仕事などをするようになって炭焼きは廃れた。

3　松原はるさんの炭焼きの話

伐った木は二尺から三尺の木。炭焼き小屋はひとっところに四、五年作っておき、二人くらいで暮らしていた人もいた。炭焼きは家をしょって移り、行った先で小屋を作る。松原さんは最初富山にいたが、群馬で四、五年炭焼きをして大滝の谷に入った。はるさんは一二歳の時から焼いていたが、昭和五年に夫の市次郎さんが仕事をできなくなったので止めた。大滝の滝の沢、落合の奥とかいろいろ行った。友達の話などで次から次に場所を変える。秩父へは友達の話で「秩父に行ってみようじゃないか。」ということで来た。「炭焼きは百姓と違って枡で計ったようなことはしない。家をしょってる人だから好きなことをやる。炭焼きはのんきでよい。富山の時から米を食べ麦なんぞ食えない。炭焼きは昔からお米を食べた。米はシモから買ってくる。百姓は別でワリメシ（麦一升に米二合）を食べた。」

富山では小川温泉の三日町の奥にいた。家が炭焼きであったのではない。炭は富山で結婚した二一歳の時から焼いている。富山の家には時々戻ってあちらこちらの山に入った。しかし富山にはもう親戚もいないし山には戻れないからここにいる。

ここでは丸共さんから木を買い、丸共さんの長屋にいたが、嵐で流されたので今のところへ移った。今のところは穴倉から地所と屋敷を年に三〇〇〇円の手間で借りている。畑は持っていない。炭焼きは夫（市次郎）が昭和五年に死んだ時にやめた。息子はシモに働きに出て行って炭焼きをやらせなかった。

竈で一回焼くと四貫匁で二〇俵でき、一か月二〇〇～二五〇俵出荷する。一俵四〇銭～四五銭で売れ、米が二斗で五円五〇銭だった。木を見てその木が三俵木か五俵木かを見込んで山は一〇〇〇俵いくらという具合に買った。炭焼きは木のあり方、木種の良し悪しを見て買う。炭を焼いて軽いのは悪い木で、カツラ、ナラなどで、良い木はメンバリ、ブナ、アサ、ホウなどである。一〇〇〇俵焼くのに二～三年はかかる。丸共が原生林を伐った後の木を炭焼きに売った。うち木・ほそんぼうの木を買った。炭焼きは家族と一緒に入ってきてショイ人でもなければ独り者はいなかった。ショイ人とは炭をしょって下へ運び出す人である。ショイ人は一〇俵ショッテいくらという具合で山の谷から滝前まで運び出し、そこから手車で運んだ。

竈を造る場所は窪地で木を伐ったところの近くで、ネバは沢から持って来る。ネバの良し悪しは色で判る。良いネバは、タバコの若葉の色のような薄緑色をしている。炭を焼いているうちに次の木の支度をする。ふつうの炭焼きは窯を一本持っているが、腕のいい人は二本持っている。シロケシとクロケシでは窯の作り方が違う。シロケシは天井を石で積む。クロケシは天井をネバで固める。

4　黒沢花吉さんの炭焼きの話

炭焼きは五〇人以上入ってきて、下駄屋なども一緒にいた。炭焼きはいい暮らしをしていて、いい米でないと食わないという具合だった。しかし一〇〇〇円残した八〇〇円残したと大金を残すのは一人か二人だった。ほかの人は金が足りなくなってハシッテしまった。一八歳の時から炭焼きをやった。一度に八貫五〇〇匁のものを六俵焼いた。自分の木を焼き、四俵で一円六〇銭だった。一俵木を五厘と見積もった。

5　棚山重明さんの炭焼きの話

棚山さんの一族がこの小森の谷に入る。富山の山では食えなくなって各地を歩き、ここへ入ってくる前は栃木の那須野ヶ原へ行ったが、木が悪くすぐそこから出てしまった。それから木のよいところを探してここに入ったが炭焼きでは棚山さん一家は草分けである。当時の炭焼きを行うための木を買い取る契約は、先ず山林所有者と掛け合い、一山から何俵取れるかを見当つけるのは、炭焼き特にこれを専門にしている炭焼きにとって重大問題であり、これが炭焼きの個人の才覚にもなった。しかし父や自分もそうであるが山を一目見て何俵分の炭を焼くことができるかはすぐに見当がついた。山の木は山に入ってそばで見るよりも、遠くから山を見て見当をつけたほうがよく当たるのである。ふつう三〇年木一反歩三〇〇俵焼ける。したがって一山木を買い、その原木の代金はおおよそ炭一俵一円として割り出す。自分たちはシロケシ専門であり、それは自分が炭焼きをここで始めたころは一俵（このころすでに四貫目俵になっていたという）が一円、三〇歳のころになって一円五〇銭になった。シロケシのほうが量的にも多く焼け、三日に一竈焼くことができる。それに反してクロケシは、一週間で一竈なのだが、これはクロケシを焼く時窯を一日冷やすため火がつくまで一晩かかるからである。その上クロケシは値も安かった。窯はシロケシの場合冷めないうちに新しいまきを入れるのでその心配はなかった。窯の寿命はだいたい二〇年くらいである。

シロケシ用の窯の造り方は、まず木で天井の形を造り上げ、回りから石をじょじょに積んでゆき、全部できたあと、中で火をつけ木を焼いてそれを落とした。棚山さんがこの地に入ってきたころは小鹿野に炭問屋が一軒もなかった。しかし棚山さんが炭を出荷するようになると問屋もできるようになった。そこで棚山さんは富山の知人やほかの炭焼き連中に連絡を取ると続々とやって来たという。炭焼きはプロパンが入ってきてから完全にやめるようになった。ちょうど一五年前くらいのことである。

6　黒沢モトさんの炭焼きの話

炭焼きは馬道ができる以前からここに入ってきていた。炭は背負いが専門に川の瀬に沿って歩き、小鹿野まで運び出していた。丸共の入った年は、つまり草分けの年は大正八年だった。炭焼きは丸共に原木を奪われる形で追われて行った。

八　木地屋

丸共が入ってきた時に、一緒に木地屋、木鉢屋が入ってきた。滝前までトロ道が敷かれ、そのころに動力で木地を削る人たちが入ったもので、鳶岩に小椋某が伯耆（鳥取県）の方からやって来て住み、大きなトチの木を使って盆などを作り、小田原に出していた。また、鳶岩の黒沢鶴三郎さんによれば、木地屋が居たのは大正五、六年～大正一四、一五年ころで、滝前に一〇世帯くらい住んでいて、その製品を運ぶための軌道を必要とし、森林組合がのりだした。煤川の馬曳きにとってこれは不利なので補償金をとったことがあるという。

小森谷の木鉢屋が作った木鉢

山本ツネさんによれば滝前に入ったのは木地屋と木鉢屋の二種があり、木鉢屋は臼や木鉢を作っていた。轆轤を用いず、足先で回しながら原木をくり抜いていく。黒沢花吉さんは滝前に入った木地屋はケヤキの根で盆などを作り、集めては小田原方面に出していたという。またこのほかに下駄作りもいて、小諸の方に出していた。その後に小椋長之助さん小椋丹次郎というのがそのまま住み着いたが、後で身上を作って出て行ってしまった。木地屋は族内婚で家族みんなして共同して仕事をしていたそうである。結局、木地屋や木鉢屋には現在に至るまでの定着はなかった模様で、またその技術が村の中に定着することもなかったが、今でも当時作った木鉢や臼や盆を利用している人たちは多い。滝前で薬師堂が焼けた時に木地屋の瀬戸友安さんが薬師像を彫ってくれたこともあった。

川塩の山中登一郎さんも木地屋のことを記憶しており、トチの木を手斧（チョウナ）で削り木鉢などを作っていた。オグラという姓で公家の子孫を称していたそうで、中学の川向こう（両神村のシモの方）に今でも二、三軒住んでいるが、お金持ちだという。村人が知らないことをするもので、珍しかったらしい。戦後、鉢を作るトチの木が無くなったので、居なくなった。この種の特殊専業集団と村との関係がどのようなものであったか興味のある問題である。その技術が村人に伝わって定着することはなかったが、少なくともその居住期間中、特殊技術による山村の利用があったのであり、それはそれまでなかった村の新たな開発、資源利用ともいえるものだから、この開発者と村人との共存関係を知る必要がある。また村人にとっては木地屋と木鉢屋は同じものとみられていたようで、話にも両者の混同がみられるようである。

煤川の話では、木地屋は丸共の入村以前からこの村にいて、その材料はトチの木だけで、盆や火鉢を作っていた。そして丸共とともに新しく木地屋も入村してきた。煤川の鳶岩の所に小屋掛けをして一〇軒くらい入ってきた。今も薄の谷（小森谷の北側の谷）の牛房に子孫がいるのではないかという。鳶岩に移り住んだ木地屋は、オグラさんといって伯耆の国から来て、お盆や木鉢を作り、小田原に送っていた。チョウナで木の幹をくり抜いて、轆轤で回して加工したので、クリモノ屋とも言った。またほかの話では、木地屋さんと木鉢屋がいて、木鉢屋は轆轤を使わずに、足先に木を伏せて、足を回しながら原木を切り抜き、臼などを作った。木鉢を作る人は鳶岩にはいなくて、薄（小森の北側の谷沿いの地区）の小椋さんが作っていた。以前はその人が持ってきた物を買った。木鉢は原生林の木の大きなものを倒して、木の外側を使う。芯の方を捨ててしまうのは、中心部分が割れてしまうからである。煤川で相当のお金を残したように思える。木地屋は木を伐った所でアラコサエといって荒削りをして、自分の小屋で仕上げをする。村との付き合いは、道普請にも出て手伝い、祭りの時はお神酒を提げて一緒に行く。しかし煤川では嫁に行く人はいなかった。また煤川のほかの話では、丸共について来たのは炭焼き、木地屋を含め大勢だった。木地屋はシモの方に小屋を建て、そこで原生林の木材などを買ってきて、運んで加工した。そして浅盆、深盆、茶筒などをたくさん作って、小田原に出した。

滝前での話では、三〇年前、譲沢（滝前地区の部落の一つ）の薬師堂が焼けた時、木地屋の瀬戸さんに頼んで薬師像を彫ってもらった。木地屋の人はケヤキの根で盆を作った。お盆は集めて小田原に、下駄は小諸に送った。滝前では、身上を成して出て行ったのは、小椋長之助・丹次郎という人であったという。滝前の山本ツネさんの話では、木地屋は滝前にもいた。山本安雄さんといって、山本ツネさんの夫の遠縁あたる人であった。イトコの子くらいでよく知らないが、家の出入りはよくしていて、小さい時から夫が面倒をよくみていた。その関係から丸共とともに夫とともに移ってきた。滝前に来てから瀬戸さんの弟子になって木地屋の技術を修得し、椀などをよく作った。今は熊谷市に住んでいる。

大堤の守屋カツさんの話では、木鉢屋は両神村にいた。薄の大平に一人いたのを覚えている。煤川にいた人はでっぷりと太って上品だった。うちにも何回か来て買ったこともある。うどんをこねたり、蚕の熟産（ヒキリ）を拾うのに使ったりするオシキというのを買った。小さいオシキで一つ一円くらいだった。煤川の人が売るのはトチの木を使った白木のものだったが、小鹿野には漆が塗ってあるのを売っていた。それはヌシヤという。

以上をまとめてみると、木地屋は丸共が入村する前から煤川の辺りに小屋を張っていたが、丸共とともに一〇人ほど入ってきた。瀬戸さんもその一人である。そして丸共の切り出した木を使って椀や盆などを作っていた。部落の人とも付き合いもよく重宝がられた模様であった。木地屋と木鉢屋とは異なり、木鉢屋は轆轤を使わず、足で木を回しながら比較的大きな道具を作っていた。木鉢屋は小森谷にはいなかったらしい。木地屋に対して「〇〇さん。」とさん付けで呼び、記憶にはっきり残っている。なお、昔は鍛冶屋もいたという。

外来者としては炭焼きや製材業者とは異なり、全く異なった職を持つ特殊技能者として村人から一目置かれていたことがうかがえる。煤川の話では、木鉢屋はトチの木をチョウナで削って鉢などを作る。小椋という名で公家の子孫だと言っていた。今でも中学の川向こう（薄の谷）に二、三軒住んでいて、金持ちである。戦後、鉢を作るトチの木が少なくなったので木鉢を作ることが少なくなった。

九　運搬

(一) 馬曳き

小森の谷では、土地の広さの関係もあって、わずかな牛と山羊が飼われているだけであるが、明治後半、特に富山の炭焼きが来て大量の炭を焼くようになってから、その出荷に馬を必要とし、その馬の数も急激に増すようになった。馬は丸共が入りトロッコ輸送するまで、つまり大正時代末まで盛んに使われ、馬の数が多い時には五〇～六〇頭もいたという。この当時、道は山腹に等高線に沿って通じ、その幅は狭く、しばしば馬が足を踏み外して谷に落ちることもあった。このようなことは年に何回もあり、この時はみんなで銭を持ち寄って馬方に馬の代金を払い、村の人たちが屠殺し、皮を剥いで売り、肉を食べた。このころ馬は信州や甲州から連れてきたもので、博労は小鹿野などにおり、良い馬で三五円、ふつうの馬で一五～二〇円であった。煤川だけに限っても、馬を飼っていた家が何軒もあり、馬も二〇頭ぐらいいた。煤川からオクリの部落はちょうど馬道に面しており、ほとんどの人が馬曳きをしていた。ただし馬を飼っていなかった家もあった。

煤川の黒沢庄一郎さんは三〇歳から五〇歳（昭和四四年八月現在八一歳）くらいまで馬を飼って、馬曳きをしていた。それは自分の焼いた炭を一時、広河原へ集めるために馬を使っていた。そして炭俵は六俵までは馬に積むことができ、運賃は九〇銭であり、一俵一五銭の割でお金をとったそうだ。炭一俵六〇銭で売れたのである。

黒沢ヨシミさんの夫、盛一さんは馬曳きだったので、朝三時ころ起床し広河原に出かけ、炭を積んで出荷した。

当時は、炭は広河原に集められた後、小鹿野方面へ出荷されたのである。黒沢さわさんの夫、勇進さんも馬を飼っており、他にも六、七軒飼っていたという。馬を飼って馬曳きをする家と馬はいなくて馬曳きだけをする家があったことが分かる。煤川の家で、馬を他の人から借りて賃金を払っていたそうである。

黒沢花吉さんは白井差から広河原に移って来て炭焼きを始めた。昔、雑木林だった山をクリの木は枕木に、雑木は炭にして小鹿野へ馬に背負わせて出荷した。炭俵は馬に四、五俵積ませ、馬子が一俵背負って行ったという。炭一俵の重さは八貫（現在は一俵四貫）で、一回で運べる炭俵の金額は一円六〇銭になり、米が一斗買えたという。

川塩の多比良さんの話では、馬方は小鹿野に行く時、炭俵を出荷した人に頼まれて、炭を米に替えてきてもらった。馬曳きをして生計を立てていた人は、煤川では以上のほかに一五軒あったそうである。穴倉、市場の部落では、二軒が馬曳きをしていた。

(二) 馬曳きとトロッコ

大正八年、丸共がトロッコを敷設する時、馬方の反対を恐れて、トロッコは米四俵までしか運ぶことができないとだまして工事を進めた。これ以前にも煤川の人と土地を貸すか貸さないかでトラブルになり、結局、煤川のオクリの部落の所を走らせることができなくなったため、丸共はしかたなく川沿いにトロッコ道を敷くことになったのである。そのため大水になるとしばしばトロッコ道が流されることがあったという。トロッコができてしまうと丸共が言ってたことが嘘であることが分かり、馬方の反対が起こったが、保障することでまとまり、それは治まった。その後、トロッコにおされ馬の数は減少していった。馬はその当時、草を多く与えなければならなかったが、共有地というものは別になく、草は各人の土地から採ったものを与えなければならな

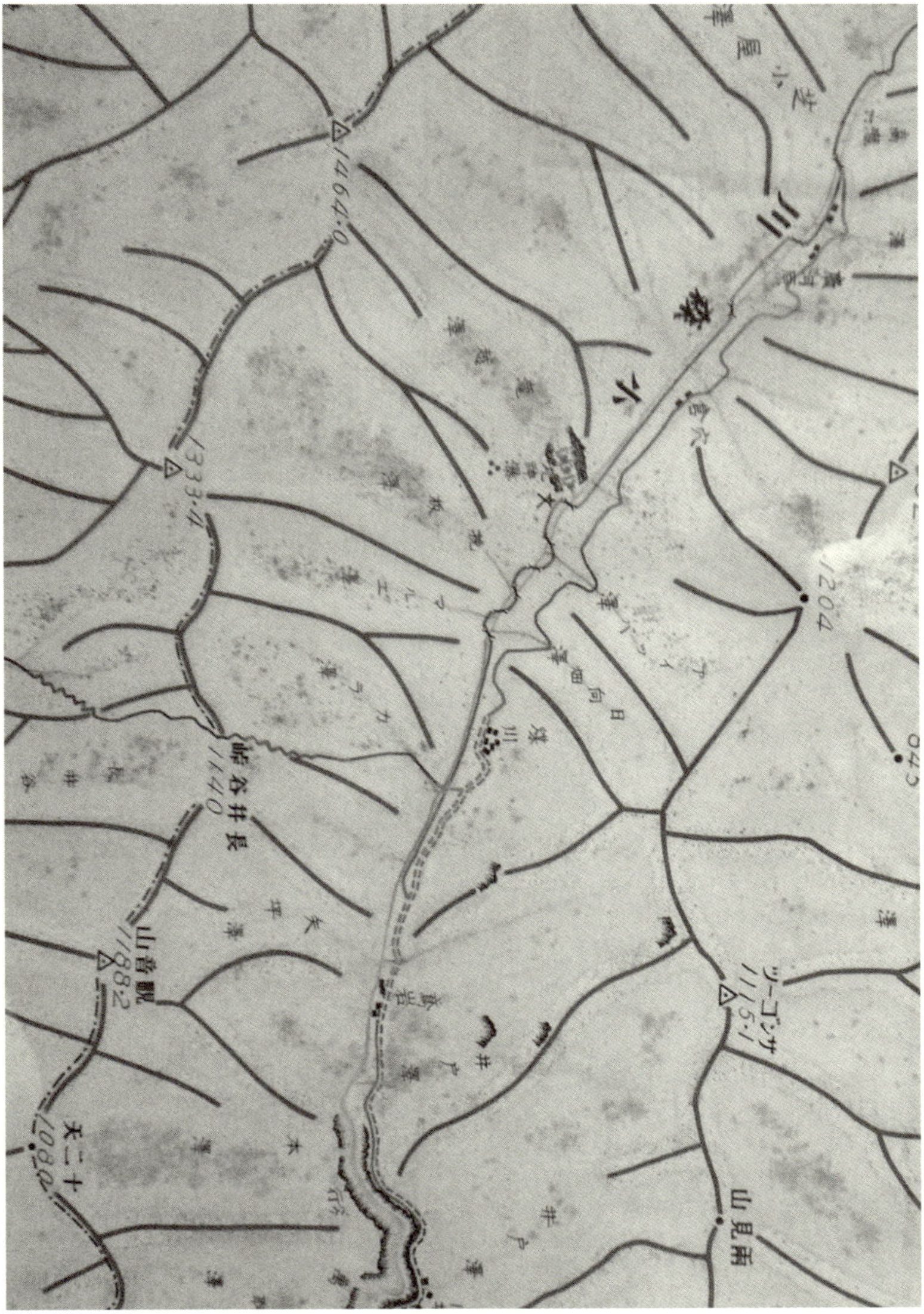

中腹の集落を結ぶ山道（両神神社里宮の額の地図・日向大谷）

かった。

馬はこのように、当時は重要な交通手段であったと思われる。大堤の守屋カツさんの祖母が横瀬村（現秩父郡横瀬町）から国神村（現秩父郡皆野町）へ嫁に来る時、馬に乗って来たそうである。それは馬上にふりわけ荷（赤飯などを入れる重箱のような大箱）にして、それには紅白によった紐がついていたそうである。一般に、馬の鼻につけた鈴のことを松ムシという。

(三) 馬曳き・馬道

馬道は市場から鳶岩まで続く。当時、馬方は市場の黒沢文作さんや黒沢花吉さんの父、穴倉の黒沢勝造さん、黒沢友作さん（啓作の祖父）である。馬曳きの盛んなころ毎年焼畑もやっていた。新井いわさんの話では、滝前の馬曳きは大正の初めころは市場の山中文作さん、甚吉さん、そして穴倉の勝造さん、友作さんがやっていた。当時、夏は楮をやり、豆、ソバ、アワなどを作っていた。黒沢花吉さんの家では、花吉さんが一〇歳くらいの時から馬曳きをやった。馬は二五円から三〇円したが、畑を担保にして金を借りた。馬道は市場から煤川を通って鳶岩で谷に下りた。馬曳きは四俵持って行き、六〇銭貰えたが、旅館で三八銭くらい使ってしまう。煤川の黒沢庄一郎さんは戦前まで馬曳きをしていた。馬曳きはつらい仕事で朝の二、三時に起きて広河原へ行き、炭を乗せて小鹿野に運んだ。小鹿野には一二時から二時の間に着き、煤川に帰ってくるころには真っ暗になっている。同じ煤川の黒沢モトさんの話では、馬道づくりは冬の救済事業として鳶岩の黒沢銀蔵さんが先頭に立って行われた。銀蔵さんはいろいろな所から五銭、一〇銭という小さな寄付を集めて一二〇円にしてその事業に当てた。

一〇　狩猟など

（一）狩猟

最近でも時には下の方から鉄砲打ちが自動車でやって来るそうだが、以前は山にかなり動物がいたようだ。専門に猟をして生計を立てるまでにはいかないが、獲物が獲れると、それをお金にしてみんなで一杯やるぐらいのことはたびたびあった。川塩の人はキツネを獲るのが商売で、夜にワナを仕掛けに行っていた。また、ある人はキツネのワナを仕掛けに行き、帰りに警官に出会い、実はそれがキツネで自分の仕掛けたわなに自分がかかってしまったという。また、猟師がイノシシを追って両神山の奥深くに入り、そこでオイヌサマに出会い、その人たちは頭を地面に下げたまま身動きできなかったとか、当時専業でないにしても猟で生計の足しぐらいにはなり、猟師といわれるような専門もいたのであろう。

仕掛けのワナの一つはブッキャリというもので、ネズミトリみたいなものを畑にキツネなどが入って荒らさぬように仕掛けた。ハサミというのは、ブッキャリと同じかどうか分からないが、これでタヌキやテンマルを捕り、皮屋が来た時に売ったりしたが、むろんこれで生計を立てるまではいかなかった。

黒沢鶴三郎も猟が好きでよくやった一人だが、今までもヤマドリぐらいならここでも捕れたそうで、もう猟はしないが、山に行く時は相変わらず猟犬をお伴に連れて行く。シカやクマが捕れたことは最近まであり、自動車道になるまで、川塩の人家の辺りまで出て来たことがある。ひと冬で四、五頭の熊が捕れたこともあった。四、五年前の冬、雪の上に足跡を追って二日がかりで追い詰め、一八貫もある鹿を射止めたこともあった。川塩の人は猟なども好きでウサギを捕ったりヤマドリを撃ったりよくしていた。滝前の黒沢花吉さんが言うにはイノシシの肉はうまいそうで、イノシシ、クマには獣道があって、下からみんなで追って行き、獣道で待ち伏せた者が鉄砲で撃つ。クマが木に登る様は、まるで黒い服を着た人が登っているように見えた。煤川の黒沢喜太郎さんは今でも冬になれば猟に行くそうで、クマもたまに出るが、イノシシは植林した杉の根を掘って害をなすので、その予防のためでもある。川塩の登一郎さんは昔の方が獲物はたくさんいたようだと言い、一日にウサギ、ヤマドリ（この鳥は木の実のよく落ちる谷に集まってくる）を一人で五、六匹獲ることができた。川塩ではクマが獲れた時は、みんなの家にその肉を配った。

畑の落花生やトウモロコシを食べて荒らすノギツネは今でも出没し、滝前の山本ツネさんもその被害を受けた一人である。落花生がきれいに引き抜かれて並べられており、しかも熟してないのは食べない。最初はサルの仕業かと思ったが（当時ちょうど下の学校の方にサルが出たという話があった）、白井差の太一さんが畑を仔細に調べて白い毛を二本見つけてきて、これはキツネの仕業だと見抜いた。さすがは猟師だ。なるほどそのあと黒沢花吉さんが仕掛けたワナにキツネがかかった。黒沢鶴三郎さんは猟のことにも詳しいが、山で採れた薬草、薬物にも通じている。マムシ・カワガラスの黒焼きは万病の薬で、セキレイの黒焼きは赤痢に効くという。今でもそうしたものを常時用意して備えてある。

狩猟というのは、昔からして生計の足しになるほどのものではなかったろう。しかし酒飲みや博打と並べられるようなある種の野放図な楽しみといったものを人々は感じていたようであり、それはまた山村生活者の山との親しい関係を示すものである。多比良さんが、冬の夕暮れ時、炭火を抱え込んで水場の茂みに待ち伏せしてヤマドリを撃った時の微に入り細に入った話をしてくれた際にもそれを感じた。また、それを語ることがいかにも楽しげな様子は印象的であった。詳しく知っていることなら畑仕事も本分家のことでも同様なはずなのに、そうした時にはしばしば話が単調だし、省略が起きている。この違いはやはり狩猟のもつ独特な世界のせいであるのか、いずれにしても山との親しい関係は、山村生活の理解にとって重要なはずである。アサキ（雑木）の山が、次第に杉の植林でクロキ（主に杉と檜の針葉樹）の山に姿を変えていくにつれ、動物や鳥の数も減ってきている。冬場に山にこもって炭を焼くこともなくなれば、山の生活もその意味では単調になっていく。杉山になっていくと動物がいないだけでなく、フキノトウやワラビ、ゼンマイの類を採ることもできなくなる。きれいに並べられて、真っ直ぐ育った杉山の姿とは極めて対照的である。

（二）魚捕り

川の魚は今でも子どもたちにとってはかけがえのないものである。魚を釣ったり突いたりして遊んでいる。子どもたちは浅瀬で小石の下に潜むカジカを捕って、家に持ち帰りから揚げにしておやつやご飯のおかずにした。メガネを使って魚を追い回しているのをよく見かける。昔は魚が棲むのにもっとよい淵があってたくさん捕れたものだというのは大人の話である。広河原の山本ツネさんの話では、ヤマベは夜は眠るので一夜で三〇～五〇匹も捕れたという。オクリの川ではイワナや川苔もとれた。

源流に近い小森川

第三章　社会

一　村落組織

滝前と煤川において、明治以前からの旧家筋と昭和年間の分家や入村者との居住地が分かれている。旧家筋は山の中腹を通る馬道沿いにあり、分家や入村者は小森川沿いの林道にある。馬道は大正八年ころ小森川沿いにトロッコ道が敷設されるまで、シモの小鹿野、秩父方面へ通ずる唯一の幹線交通路であった。トロッコが敷かれ、川沿いに交通路が移るにつれて、馬道は廃棄されてしまい、昭和三〇年ころ、小型自動車の通れる林道が開通し、現在に至っている。この居住地は、標高差一〇〇メートル、曲折する山道を歩いて二〇分の距離があり、等高線から見るとちょうど上下の位置にある。実際にこの位置関係が、煤川では上部落（煤川）と下部落（河原）と区別して呼ばれ、滝前でも上、下を意識したうえで「ジのヒト」、「タビのヒト」（「地の人」、「旅の人」）と呼ばれている。この上、下の位置関係が単に地理的分離に留まるに限らず、コーチ（地区）の社会生活においても大きな意味を持っているように思われる。

（一）集落の形成

1　滝前の場合

滝前の上と下の居住者は、上が明治以前から続く旧家筋で、明治三〇年ころ一〇軒あったといわれる。山林、畑を所有し、屋敷神（若宮八幡・稲荷・琴平様など）を持ち、大尽と呼ばれる家もある。それに対して下が大正八年ころ、原生林の伐採・搬出のために入村した丸共関係の従事者や炭焼きの定着者、さらに上の旧家筋からの分家である。このうち、丸共関係の従事者と炭焼きの定着者は「旅の人」と意識されている人々を下の構成員として、ここでは述べることとする。滝前の戸数は、丸共が入り、しばらくして木地屋が入った昭和初年ころには、三〇〇軒にも達したという。昭和四二年現在では二六世帯一〇四人で、上の旧家筋とその分家（上の部落）は一五軒、下で「旅の人」の定着した家は四軒、上から下へ分家した家が七軒となっている。下の部落の定着者は、丸共のいた当時、桑原といわれる河原に小屋掛けして居住していた。昭和四、五年ころ、丸共は大滝に移って行き、従事者のほとんどが移って行った。ところがその後を引き受け居残った家が一軒ある。またある家は三〇年前、土地を借りて畑で耕作を始めた。その当時、土地は簡単に借りることができた。山地を借りて、自ら開墾した。山を焼いて最初にソバを作った。ソバはたくさん採れ、それからジネンジョを栽培した。煤川の人で滝前に土地を持っている人もいたし、穴倉からも借りた。

このように定着した者は、上の旧家筋から土地を借り、自ら開墾して畑を作り、コンニャクを栽培し生計を立てたといえよう。家も小屋掛けから現在見られるような屋敷地に恒久的な構えをし、神棚、仏壇を備えたのであった。このように滝前における上、下の集落の形成の相違を指摘できるのである。家族構成においても上の部落が、二世代夫婦の同居形態の傾向が強いのに対して、下が親夫婦の農業依存と息子夫婦の林業関係従事による別居（核家族）の傾向が指摘でき、上の部落が超世代的志向性を示すのに対し、関さんの「自分たちが生きている間、土地を使わせてもらえばそれで結構だ……。」というように、この地への固定的定着化、すなわち家の超世代的志向性の薄いことも同時に指摘できる。

2　煤川の場合

煤川における上と下の「家」形成の形態をみると、下に「家」が形成されたのは滝前とほぼ同じく、昭和一〇年ころで丸共の大滝への移動後のことである。その「家」は、上の部落からの分家がほとんどである。煤川は一戸あたりの畑地面積が滝前に比べて少ないため、上の部落の旧家は分家を出す場合、畑を潰して宅地にするのを嫌い、結局、下の部落の河原に分家を創設したのであった。煤川は、明治の初め、煤川一七軒といわれ、以後昭和一〇年ころまでの分家は上の部落に出ており、その数も四、五軒であり、昭和一〇年以後は分家がわずか一軒だけであったことからも、下の部落への分家創設の多さがうかがわれる。煤川の分家は、家を本家から建ててもらい、野菜畑程度を分与されるのみで、生計の道を山仕事、炭焼き、そして現在は土木関係の仕事などに求め、農業には全く依存できなかった。このように煤川における下の部落の「家」形成は、次三男による分家創設によるものがほとんどで、そのうち一〇軒が炭焼きを主な生業とした。

以上みてきたように滝前、煤川の上・下の集落形成は、上が明治以前からの旧家筋を中心にしたものと、下が滝前では、「タビのヒト」の定着者によるもので、煤川では上の部落からの次三男分家によるものいうように区別することができよう。

(二) 生業形態

1 滝前の場合

滝前の上の部落である旧家筋は、畑作を中心に生業が成り立っているといえよう。コンニャク、養蚕、最近ではキュウリ、インゲンマメを換金作物として栽培している。明治以後一貫して畑作依存の生業形態は続いている。また林道が完備されると、木材の販売も可能になり、「穴倉は子どもの学資を木で賄った。」といわれるほどであり、山林も重要性を増してくるのである。上の旧家筋の中でも農業に依存しつつ、農閑期に炭を焼く家もあり、昭和三〇年ころ大きな副業となっていたようである。これに対し下の部落の定着者は、丸共関係の仕事とは全く異なる農業へと生業を変えるのであり、最初は山地を開墾しジネンジョといわれるコンニャク栽培を始めた。以後もコンニャク栽培を中心にして現在に至っている。息子夫婦の代になると林業関係の仕事に従事する傾向がみられる。このように上の旧家筋とは様相を異にしている。

2　煤川の場合

煤川の上の部落は「煤川一七軒」といわれた旧家筋が農業に依存してきているのは滝前と同様である。ところが炭が盛んに焼かれ、トロッコが敷かれなかったころ馬を飼い、炭の運搬を主な仕事とした人々もいた。当時、その駄賃による現金収入は煤川では大きなものであり、自給体制からの脱却を意味していた。トロッコ道が敷けて以後、煤川の旧家は養蚕、コンニャクを中心とした畑作栽培に依存し、現在に至っているといえよう。それに対し下の部落の分家は当初から畑作に依存することは不可能でもっぱら炭焼き、伐採、下刈りなどの山仕事に従事しなければならなかった。現在では、ほとんどの人が

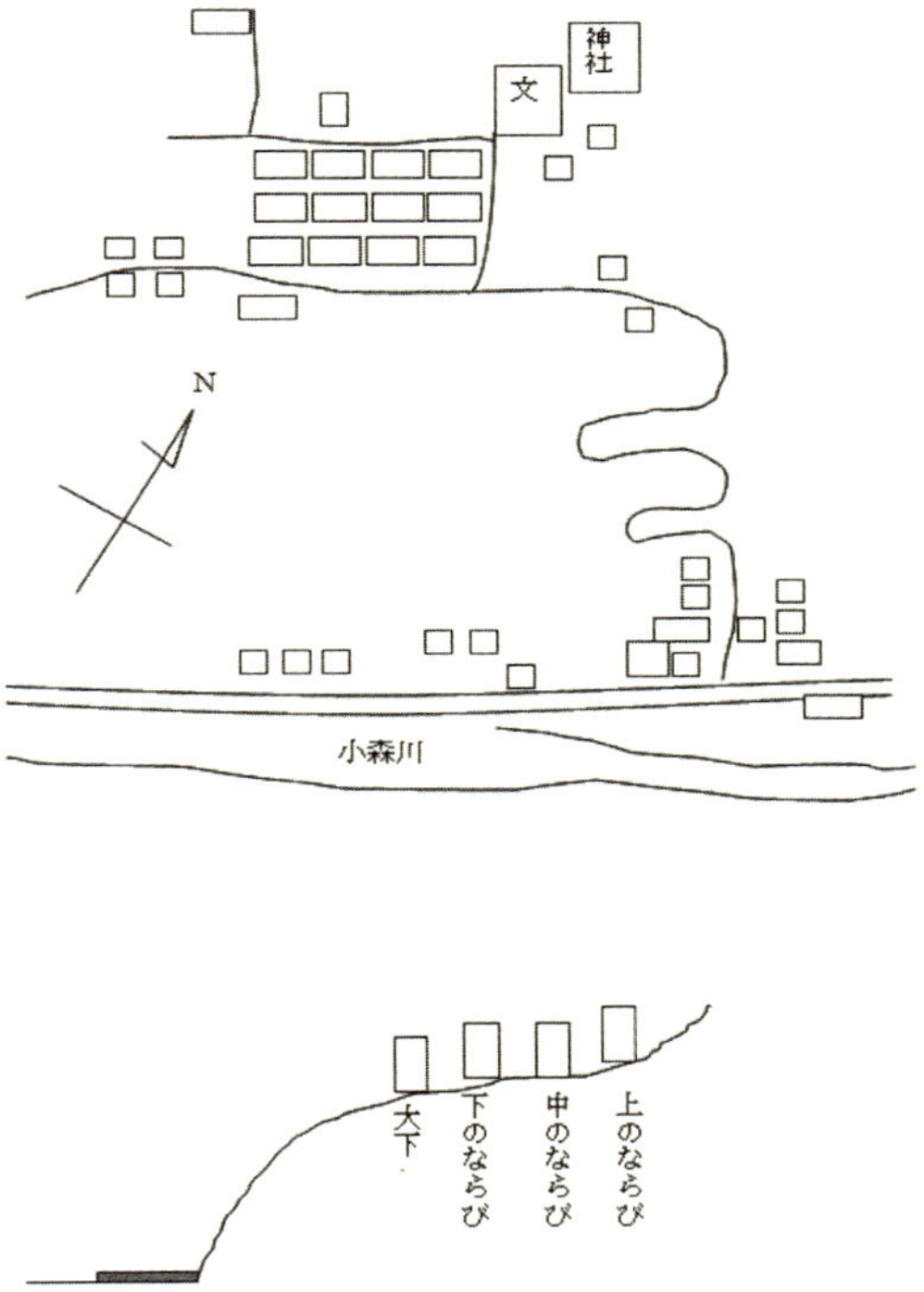

上煤川からの分家が多い下煤川

土木関係の日雇いに出ており、分家の妻も小鹿野の縫製関係の仕事に出ている人もいる。

3　まとめ

以上のように生業形態においても集落の形成と同様に、滝前と煤川の両方とも上の部落の共通性と下の相違が指摘できる。すなわち、上の部落の農業中心の生業形態の共通性と、下の部落の滝前における農業中心と煤川における日雇いによる生業の相違である。また煤川においても「煤川一七軒」といわれる家で、現在、土木関係の仕事に一年中従事している例も見られる。

次に上、下の間の土地の貸借関係をみることにしよう。

(三) 土地を媒介とする関係

1　滝前の場合

滝前においては下の定着者は、上の旧家筋から土地を借りて農業を始めたことは前にも述べたが、その時の様子は「百姓より土地を借りた……。決して借りにくいということもなく、容易にできた。タビのヒトだからといって特別難しいところもなかった。」と語った。また、「土地を借りるのは金でなく、手間でのスケである。その条件は、現在穴倉から二反歩あまり借りているので、七人分（七日男手でスケル。女手なら一四日）である」。この条件なら決して悪くないと思う。また農地改革の時、不在地主の土地を買うことができたので、五反歩くらいが自分の土地になった。現在はコンニャクを栽培している。借りている土地を自分たちとしては金で借りた方がよいのだが、むこうでは手間で払ってくれということなのでそのままにしているという。

このように貸借関係は入村当時、容易に行われ、入村者が定着する動機にもなっているように思われる。滝前は山畑が方々にあり、貸主にしても空いている土地を使用して貰い自家の農作業の忙しい時、例えばコンニャクの植付けや採り入れさらに蚕の上蔟（蚕が繭をつくるためマブシにあがること）期などに助けて貰う労働力が必要であることから成立したと思われる。入村者の部落への定着の動機の一つとして、土地の貸借関係のスムースさを挙げたが、そのことはまた「ここに住み着くつもりはなかった、特に父さん（夫）はそうだった。自分はここに来てから百姓したい気もあった。父さんのような仕事（丸共関係）をしているとその気にもなれなかったが、それでもとうとう三八年も住むことになってしまった。」という話からも、明確な動機らしきものは見出し得ない。

山の中腹に密集している煤川集落（2010 年）

2　煤川の場合

煤川においては、他人に貸すほどの畑にできる土地は皆無であったといえよう。実際、農地改革による解放地はほとんどなく、分家へも畑地を分与した例は見出せないことからも、土地を介在とする家と家の関係は顕著にみられない。ただし本分家のスケアイの様子は、本家がコンニャク・蚕などで忙しい時、分家の夫婦は仕事を休み本家に手伝いに行く。しかし、これは本家が仕事を休んできてくれたのに見合うだけのお金を払うのがふつうである。ある本家の老人は、自分の息子に頼むよりも他人を頼むほうが、やりやすいと話している。そして土地の貸借関係と同様に、売買もあまり行われなかった。例えば富山からの炭焼きで定着した人の話によると、宅地にする土地をなかなか売ってくれず、三、四年前にようやく買い求めたという。煤川においては畑の価値が高く、坪単価も滝前、川塩、大堤などと比べると比較にならないほど高く、手放す人さえいないといわれる。このように煤川においては、土地を媒介とする上下の関係は明確ではなく、血縁関係（本分家関係）に基づく上下のスケの関係が見出される。

（四）組・共同労働関係

煤川と滝前は両神村の行政区ではともに一三区にあり、区長を煤川から分区長は滝前から一名ずつ選出している。最初にそれらの選出の様子をみると、滝前において分区長は「憎まれ役」と別名があるようになかなかなり手がいない。また上下の区別なく選出されている。ところが煤川は積極的に希望する場合が多く、総会の席での選挙で決めるのが通例であり、今までは鳶岩のほかは全部上の部落から選出されている。ついでに戦時中の配給制の時の様子について述べると、滝前は「地の人」「旅の人」の区別なく均等に配分されたという。ところが煤川においては下の部落の居住者のうち「旅の人」対しては何らかの感情的差別があったという。このようなことは富山の炭焼きで上の部落に住み着いた人の結婚式の時にも顕著に現れたらしい。「炭焼きは人間ではないから……。と、結婚式には、ムラの人が寄ってくれなかった。」という話もあった。この「旅の人」に対する、滝前と煤川における応援の仕方の差異が両コーチにはみられる。

1　滝前の場合

滝前（白井差を含む）は、現在四組に分かれているが、それは戦争を境にしてでき、それまでは上だけで二つに分かれていたらしい。そして黒沢花吉さんは「旅の人」とは、大勢いる時は付き合わなかったが、少なくなると付き合うようになったと述べているように、丸共移動後残って定着した家が出てくるようになって、「旅の人」と「地の人」の間に融和的感情が濃厚になってきたことがうかがえる。そして「二組は旅の人と地の人がまとまっているよい組である。」と言う人もいれば、「もう四〇年近く住んで土地の人みたいなもので、長いことお世話になって、土地の人になったものとしてお付き合いしている。」と言う人もいるように、完全に滝前のコーチに同化しきったということがいえよう。戦前までは、旅の人は組の成員として明確に位置づけられていなかったようだが、現在は道路愛護デー（道普請）とか、冬期の雪かきなどの共同労働に参加している。これらの共同労働は、当地における唯一の全戸から参加するもので、特に白井差地区からは、男女各一名ずつとされている。滝前よりオクリは四組に分かれているが、この作業は、二組ずつ一緒になり、一、二組が煤川の小森さんの上から中尾下までを分担し、三、四組が中尾下から白井差までを受け持って行われる。滝前ではこの共同労働には男女の参加による区別はなく、全戸参加を当然の理としている。この一、二組と三、四組の分離は、戦前の二つの分け方と同じであり、上の二つの分け方がそのまま下へも適合されている。この組の分離は、祝儀、不祝儀の際に特に機能を発揮するのである。例えば「組の間の家同士はどこに何を置いてあるかを自分の家のようによく知っている。」「結婚式の時は、一、二組でほとんど取り仕切り、遠くにいる親戚は来てもお客として扱い、諸事は組の人が行う。」という風に、組の果たす機能の重要性がうかがえる。葬式の時は、一、二組だけでなく、三、四組も加わり、葬式に行かないと「ジンギがたたない」と意識されている。

このように滝前の組結合は、祝儀不祝儀に象徴される。これは血縁関係がコーチ内では比較的薄いことにもよると思われるが、留意すべき家結合形態である。

2　煤川の場合

煤川における組結合をみると、昔（煤川一七軒といわれたころ）は三つに分かれていたが、現在は上の部落が四つ、下の部落が三つというように七つに分かれている。煤川では滝前のように組結合の強さが顕著でなく、葬式の時など血縁関係者が組の人以上に大きな役割を果たす。結婚式の時も同様であり、上・下の関係が血縁に基づくものが多いことによると思われる。共同労働は滝前と同じく道普請と雪かきが主なものである。煤川は、そのような時欠席者からは一〇〇〇円、女の人の場合五〇〇円と決められている。このことは共同労働を休んで日雇い取りに出た方が得だという考えが出てきたために設けたらしい。この点は滝前と比べるとその差異に気づくのである。

以上のように「旅の人」の受け入れの際の応対、共同労働への参加、組結合の強弱など、滝前と煤川では様相を異にし、各コーチの性格が出ているものとして留意すべきである。

(五) 祭祀組織

祭祀組織における上・下の関係を滝前と煤川で比べてみてみる。

1 滝前の場合

滝前は、昔(明治初年から)上の部落が白井差・広河原の組と穴倉・譲沢の組の二つに分かれてお祭りをしていた。ところが丸共が入りそれらの神社を統合しようという動きが丸共の方から起こった。その時の様子を山中ハヤエさんは、「譲沢の薬師様と市場の稲荷様・熊野様、白井差の諏訪様を市場の一か所にまとめ、部落神をつくったが、上の部落との折り合いがつかず、すぐ廃止した。」といっている。定着者である旅の人はそれらのお祭りには最初は参加しなかった。「お祭りに上の人から誘われ下が面倒がって入らなかった。ところが人数が少なくなったので、上からせがまれて譲沢の薬師様に入った。旅の人ではあるが三〇年以上もここにいるので入った。新しく加わった時、道具とお菓子を寄付した。」と言っているし、また「昔は組の上の人だけで大きく二つに分かれていた。河原に人が入ってきた時、河原の人(旅の人)は組にも、祭りにも入らなかった。しかしだんだんハシル人(ムラを出る人)が多くなり、家の数が少なくなったので、部落がつぶれてしまうから、お願いして下の人にも祭りをスケて貰うようになった。誘ったのは一〇年くらい前からで、当番になって貰い、薬師様のソウジャ祭りのスケをやって貰う。」という。このように旅の人のムラ祭りへの参加は定着して、意識的にもムラの人のようなものだ、という風になったのである。この参加は、薬師様の祭りの当番に当たるということであり、広河原、市場などの祭日には、前からお参りには行っていた。当番になりムラ人意識が生ずるころから、後で述べるように通婚関係も生じてくるのは偶然ではないように思われる。薬師様は目の神様とされ毎年九月七日に祭りが行われ、昔は各戸から米三升持ち寄り、甘酒をつくったそうである。また市場の三軒が場所の提供と法印（ホーエン）様（神主）の接待など諸事の世話をする。当番は三・四組の参加者からそれぞれ一軒ずつが当たり、法印様は大塩野（両神村薄）の人を呼ぶ。男はお札や宿の準備をし、女はシトギを作る。シトギは、米粉、豆粉を練り平たくしたもので大きさは一〇センチメートル四方くらいのものである。また稲荷様は四月三日でほかに、産泰（オボスナ）様があり、毎月二三日で当番を作り、その家を宿とし、モチ、スシなどを女衆だけで食べていたそうで、戦時中の食糧難以来やっていない。旅の人は、山の神の祭りを行っており、群馬にいた時毎月一二日だったが、当地は一七日でその日には仕事を休み、仕事仲間と酒を飲んでいたらしい。ムラの祭祀への旅の人の参加は遅く、定着後三〇年も経ており、その間はムラ意識が薄いことがうかがわれ、その意識の変革につれて、祭祀への関わりが生じるようになったといえよう。

2　煤川の場合

煤川における祭祀は、四月一七、一八日が産泰（オボスナ）様といわれ、行われている。全戸が氏子で、各組にギョウジが選ばれる。各戸からはシトギを供える。これは上下の区別なく、コーチあげての大祭である。ところが山の神は少し様相を異にする。上の部落は戦中まで産泰様と同様に組単位に行われてきたが、それ以後行われてない。ところが下の部落は、八月一七日と一二月一七日に、組ごとに当番を決め、仕事を休み集まって酒盛りをするのである。祠も河原にあり、山仕事へ従事する人が少なくなった現在でも、昔と同様に祀られている。下の河原部落の分家の生業が炭焼き、伐採などの山仕事が生業であってみれば当然のこととといえよう。上の部落にも、石の祠が見られるが組ごとの講的祭祀は現在行われず、家単位の祭祀がみられる。

以上みたように、祭祀組織における上下の関係は、滝前が地の人を中心として形成されてきて、昭和三五年ころから、旅の人も加わるという形態であるのに対して、煤川においては分家創設時から氏子として積極的に祭祀に参加する形態である。煤川ではムラ単位の祭祀においては双方参加する。

(六) 通婚関係

1 滝前の場合

丸共関係の入村者は、家族単位で入ってきており、当時の婚姻は仕事仲間間での場合が多く、ムラの人との婚姻は少なかったように思われる。ところが入村当事者から三世代目の現在の戸主の代になると定着者の息子と地の人の娘との間に婚姻関係がみられる。昭和三〇年代からそのような婚姻関係も生じたように思われ、土地の貸借関係などにおいて容易な交際情況であったにしても、婚姻となるとやはり少し違った見方が出たように思われる。上の部落で大尽と呼ばれる旧家筋は、外婚的傾向が顕著で、大滝村、倉尾村（現小鹿野町）さらには群馬や栃木の例もみられる。そして同コーチの滝前、煤川、川塩、大堤などの同村内からの例はみられない。ところが上でも大尽以外の旧家筋は、同コーチや煤川の例がみられ、特に煤川との関係が相当みられる。

このように定着家の家では、入村当時の戸主夫婦の子どもたちは、同時に入村した同業者間での婚姻が多く、三世代目の息子の代になると、同業者の移動と定着者によるムラ帰属意識の高揚とかあいまってか、地の人との婚姻の例もみられるのである。

2 煤川の場合

煤川における上下の婚姻は、分家当事者夫婦はコーチ内のものと、妻がコーチ以外のものとの比はだいたい同じ程度である。そして昭和一〇年以前に分家した者はほとんどが同じコーチ内である。上下の婚姻は現在のところまで分家年代が浅いこともあり、みられない。いずれにせよ分家は上の家からのものであり、夫婦も上の家同士で下への分家という形が多い。黒沢治三郎さんは明治の終わりにいったん上に分家したが、昭和一五年ころ下に家を建て、現在二世代夫婦形態で、二人の息子を下に分家を出している。また黒沢文平さんも昭和一一年ころ下の部落に分家した人で、二世代夫婦の形態をとっているが、いずれも息子の嫁はコーチ以外の人である。下の分家のうち、黒沢八十一さんの奥さんは荒川村、黒沢利光さんの奥さんは両神村の野沢から、棚山久雄さんの奥さんも同じく野沢から、黒沢治三郎さんからの分家である幸四郎さんの奥さんは、山梨県三富村（秩父から山を越えて山梨県側に出た最初の村）という風に新しい時代の分家は、外婚的傾向がみられる。そして、上と下での婚姻は現在まで一例もみられない。ところが上の部落の婚姻関係は、内婚的傾向が多く、それ以外の者は、大滝村、滝前、秩父からの例もみられる。そして特に大滝の滝沢（たきのさわ）部落との婚姻が数例みられる。滝沢とは小森川の谷から尾根を越えた中津川の谷にあり、ムラは異なっても距離的にも相当近いといえる。このことからこの間の婚姻の多さが理解されよう。また滝前との関係も一〇例近くみられる。それに反して川塩、大堤などの川沿いのシモの部落との婚姻はわずか一例にすぎない。

3　滝前と煤川の通婚関係のまとめ

以上みてきたように滝前の上下の部落の間での婚姻が、定着年数の経過にともなうムラへの帰属意識の高揚とあいまって起きてきており、その際の支障（ムラ人の嫌がらせ）はなく、スムースに結ばれたといえよう。一方、煤川の上下の部落関係で、二世代夫婦形態の家でも若い世代の夫婦はコーチ以外の人と結ばれた例が多く、上と下の部落との婚姻例はない。同時に上の家の婚姻では、滝前が大尽と呼ばれる家筋は外婚的傾向が強く、それ以

小森谷の最も奥にある白井差集落

外の旧家は特に決まった傾向はなく、強いていえば煤川との関係が多いといえよう、一方煤川においては、内婚的傾向が圧倒的に強いことが指摘されよう。

4　白井差の場合

白井差では遠方・近縁・財産家どうしで婚姻を結び、地域内では少ない。大滝・薄・大谷などの遠くから来ていることが多い。大尽の家では親戚でのやりとりもある。やはり見合う必要から。

（七）結婚の話いろいろ

1　大堤の話

①オクリの人は見ることはあるが交際はしない。煤川から大堤へ嫁に来た人はいない。大堤からオクリへ嫁に行った人はいないらしい。嫁は小鹿野や三田川（両神村の北隣り）から来る人が多い。薄のトバの方からはだいぶ来ている。オクリの人はオクリの人を嫁に

貰う。自分の妻は両神村の野沢の人である。野沢は大堤から歩いて三〇分の所だ。世話人があって「もらっちゃどうだ。」というので嫁に貰った。

②ワシは子どもができないので追い出されるところだった。夫の弟が長若（小鹿野町）に婿に行っていて、その子どもが二、三人しょっちゅう泊まりに来ていたので、夫が長若に行っては「おらー嫁を追い出すべぇーと思う。」と言っていたらしいが、長若のおばさんが「あんないい嫁御を追い出すとしてもほかにねえもんだ。」と言ってくれたそうだ。すると夫は「ここで追い出すべぇーと思っても、酒を飲んで帰れば世話をしてくれるので追い出すことができない。」と続けると、おばさんも「子どもができる時にはできるから追い出さないほうがよい。」と言ったとか。そんな話を聞いたので「俺が体を悪くて子どもができないのならよすべぇー。」と思って祈祷師に聞いてみた。「子どもちゅうものは授かりもので、今できないからといって、いつできるかわからないから、今少し我慢して、今まで骨折ったのだからいたほうがよい。」と言われた。すると九年も経って初めて子どもができて、でき始めると三年目三年目には必ずできるし、もういらないと思ってもできる。ワシのおふくろはホウエン様の家に生まれた。そして子どもができないからといって、神様に授けてくれといっても思うようにはいかないから、そうすることはしないようにといったので自分もしなかった。子どもができないからといって離縁になることはあった。養子で間に合わすというわけにもいかない。「養子はうまくいかないのがえらい（多い）だんべ。」

③三田川から嫁に来る人は多い。自分の姑様も三田川から来た。おっかさんも三田川から来た。大尽の娘は馬に乗って嫁に来た。「ごんご越し峠」はご祝儀の馬は通れなかった。昔のある家ではオヤジが馬に麦を一升くれて、あとは草をくれよといったが、カカアがシェイ（けち）なもんだから麦を五合しかくれなかった。そして馬を連れて外に出たが麦を五合しか食べさせなかったので、途中で弱って「ごんご越し」まで来て死んで

しまった。ヒダルクてだろう。それで縁起が悪いからご祝儀は通るなといわれている。
④婚姻の相手を選ぶには、部落の内と外の可能性があるが、そのどちらかを優先するような風はないようだ。しかし部落外からお嫁さんを貰う場合、その地によって一定の見方があるようだ。先ず結婚話のキッカケは仲介に立つ人がいて、見合いをするが、その時「あのワカイシは手など太くて働きもんだから」と母親に言われたりした。その見合いの場所は嫁方の家で、世話人が婿を連れてくる。このほかに祭りの晩などに若者二人が知り合い結ばれる場合もよくある。

2　煤川の話

①昭和三四年結婚。倉尾から嫁に来た。同じころ同じ所から二人、煤川に嫁に来た。来た時は、煤川がこんなに山が高い所なのでたまげた。結婚式はコーチの人を二人ずつ頼んで世話してもらう。本家でやってもらった。嫁をくれたほうの父親は式の翌々日コーチをあいさつに回った。お世話人は小鹿野の人で屋根瓦を葺きに来ていたことから世話をしてくれた。「足入れというのは昔はあったらしいが自分のころはもうなかった。女の人がまじめになったんだんべぇー」。結婚式には親戚が一〇人くらいしか集まらないのには驚いた。

二　本分家関係

(一)　ワケダシ

煤川の鳶岩の家は現在、老夫婦二人暮らし。子どもは八人あり、四人は熊谷、一人は東京、さらに一人は行田、二人は当村にいる。相続人は薄に夫婦して住んでいる。行田の子はムコ養子に、末の子は東京新宿に住んでいる。熊谷の一人は熊谷へシンショウを持たせたもので、分家に出した。あとは女でクレテヤッタものである。現在は夫婦だけで住む。当初はさびしくもあったが、もう慣れた。また、何かあればみんな自動車で飛ばして集まって来る。先日も盆にみんな集って、一六日に帰ったばかり。

次三男はいずれ婿に行ったりするものだが、それを出さないで、長男の財産を三～四分に分けて、建ててやったのがワケダシ。子どもが結婚した時にシンショウは若い世代に渡したが、財産の譲渡は死後、分家をするのは婿にあげるよりも、財産を分けて、ワケダシした方がよいから。分家は分筆した家のことで、釜、畑、山林を分けてあげ、家を建ててあげ、暮らせるようにしてから分家させる。分家を出すには金がかかるので、分家を出した家は、その分家より勢力が弱くなることが多い。兄弟の本分家の場合は、兄の権利が強いが、世代が代わるとともに兄方の家の権利が弱くなる。ワケダシは、分家の生活が困らない程度のことをしてやるだけ。兄のことをここではセナという。分家が本家へ行くのは年に一回、お歳暮の時くらい。嫁さんのキリマワシ方しだいで付き合いも変わるもので、付き合いは感情的な結びつきが大きな要因。親類意識も、ふだん丈夫で働いている限りは、あまり感じない。

軒端続きの上煤川の集落

(二) ビンズルビイキとイッケ

煤川の本分家は、本家が次三男を家に置いて働かせた。例えば、結婚して、七～八年も本家に残り、仕事を手伝った。そのお返しとして、せがまれて止むを得ず分家に出してやった場合が多い。親が長男を残し、次男などを連れて分家することをインキョ分家という。例えば、その際に、山を半分に分けたりする。

煤川の中は二派くらいに分かれており、ビンズルビイキがある。親戚同士の結束がビンズルビイキで、自分の子は軒端に置こうとする。家を継ぐ人には、あまりくれてやる必要もない。財産のある人は、分家も出してやる。分かれた当代は付き合いもあり、その後の代になって、お返しがない時は、付き合いが切れるが、親戚であることには変わりない。付き合いするしないかが親類関係の要素。煤川では親類と同じ意味に、イッケ（ヒトツウチ）を使い、ここでは軒端続きだから、気持ちのうちに親類関係があれば、後代まで続く。また、付き合いしている限り、その関係は切れないが、遠くへ離れてしまうと、付き合いもなく薄らぐ。男女兄弟の間で親類付き合いの差別はない。

1　大堤や堂上の事例

大堤のある家は、イッケはことある時に集まる。例えば祝儀、不祝儀のような時である。墓地は本家と一緒であるが、本家と一緒に出かけて拝むというのではなく、それぞれ別々に拝んだり掃除をしたりしている。

堂上のコーチは、全戸今井姓であるが、これも「昔はイッケだったかさ。」という程度で、「今は親戚だともたいして言っていない」。このように漠然と同姓間に、昔はイッケの関係があったかも知れないと考える程度で、同一祖先を祭るような機会は皆無だし、また漠然としたものがあるが、それ自体何らかの働きをしているとも考えられない。最近は分家はなく、ほとんどシモへ出てしまった。学校を出してやったりすると、家に帰るのが嫌になってしまうらしいとのことである。

2　川塩の事例

川塩のある家では、「川塩には土地も少ないから、ここではあまり分家などしない。分家には耕地を付けてやるが、分けると本家の分が減るので、なかなか出さないものだ。分家の時は家も建ててやるものだ。」という。しかし、自分の場合は、空き家を自分が買い取り、耕地（畑）も少し買い取った。炭焼きに精を出して、金を作った。それでも、一応分家ということになる。本分家に上下の区別は全然ないそうで、「やっぱりこのへんは金だいね。」で、家格よりも経済の上・下が重きを成すとみている。しかし、席順のこととなると、「やはり、兄貴の方が上だいね。」であり、本家というよりは、自分の兄の家と理解している。

しかし、一般に聞けば何代経っても付き合いはあるし、墓は本家のところにあるという。ただし、初代分家でまだ自分の家の墓がないから、父母の墓を指すと思われる。彼の姉妹はシモの方へ嫁に行っているが、たまに子ども連れでくる程度でひんぱんな行き来はない。父は薄村の人で、養子ではないが、ここに来て宿の娘と一緒になり、ここに居ついたのが始まり。同姓の家は二軒のみで、兄弟で隣り合って居住している。

3　煤川の下の河原への分家

ある家は分家で、分家の際に杉の植え付けを兄弟四人にしてもらったという。本家へ行く時は、年始のあいさつの時、蚕の忙しい時の手伝いは、日当を他人と同様に貰う。材木の商いをしていたので、家は自分で建てた。恋愛だったので、小屋掛けをしていっしょに生活を始めた。自分の実家との付き合いは、今でも深い。

ある家では、嫁を貰うとすぐ、家だけ貰って住んだ。本家との関係は年代が経っても続くだろうといい、現に本家への手伝いは、蚕とか麦の採り入れの時に行く。イッケといった場合、嫁の実家は含まない。親類付き合いは兄弟同時に行っている。ワケダシはワケダシ付き合いを続けたいと思う。しかし、山仕事など、必ずしも分家した兄弟でなくても、共同ですることもある。

4　本分家の付き合い（煤川）

ある家では、本分家の付き合いは、必ずしも密といえないようであるが、本家へ行くのはお正月とお盆くらい。

お盆の時にはお線香をあげ、ご馳走を食べてくる。本家の蚕が上蔟する時には、土木の仕事を休んで手伝いに行く。しかし、日当はくれる。分家に出たのは、昭和三四年当時であるが、以来そうしてきている。お盆の貸し借りなどで力になってもらえるのは本家である。分家と結婚は同時。自分の家の親類付き合いは、兄弟、イトコ、オジオバくらいまでという。本家の手伝いは、蚕の時などに行くが、日当をもらう。分家として貰った畑は、麦なら二俵程度だった。本家からお願いすることもあるが、銭で少しお返しする。

ある家では父の代（昭和一六年）に分家に出ている。その孫の話によると、本家に集まるのは、正月年始とか盆、本家で下刈り、蚕のスケを頼まれた時は助けるが、本家も気持ちで手間代はくれる。

ある家では、父が本家から何も貰わず分家した。ただ、馬を一匹譲って貰った。それで馬曳きをして、炭の運搬をして暮らした。本家のスケは、父の生存中はたびたび行ったが、今は行かない。しかし、心の中で最も頼りにしている親類は本家である。

ある家は五〇年前の分家だが、本家から何も貰わず、独力で家を建てた。分家してから、馬を飼い、炭の運搬をしていた。

ある家も分家で、分家した時大工をしている。二〇歳ころに、昔、隠居所だったところの家を貰って分家した。畑を貰ったので農業もする。昔は次三男は百姓をやっていたが、今は出稼ぎをする。兄弟だけになって親が亡くなってしまうと、なかなか帰らなくなる。

（三）両神村小森の本分家の特色

以下、本分家に関していくつかの特色と思われるものを指摘しておく。

本分家の結合は、現実生活でも、意識の上でも、強く働いていないと思われる点である。本分家関係と土地所有関係の重なりもあまりないし、序列もはっきりしない。また、孫分家に当たるものは、系譜の上では存在しても、これが本分家関係として意識されていない。それに、永続的な家集団の結合を強め、維持するような要因は見当たらず、本分家の間柄は次第に時・世代が経つにつれて、薄れていくと考えているのが、一般的である。総じて本分家関係の点に限らず、一戸の独立性が強くみられ、分出が次三男の努力で、独力で行われる例が多い。結婚して夫婦して仕事に精を出し、本家または親の援助を受けずにこれまでやってきたと、意識している人が多いし、また現実にそうであったらしい。

以上が現実の本分家をとらえた場合の人々の話であるが、本分家一般として語られる時には、いわゆる本分家のイメージも存してることも注目しておかねばならない。いわく、本家（親）に尽す次三男、それに報いる本家は、家を建て土地を分与して暮らせるようにしてやる。本分家間の序列が存し、本家の保護と分家の奉仕といったことである。

以上の点と関連して、明治以後に知り得る分出は、ある特定の時期に集中して生じている点に、注意する必要がある。炭焼き、丸共、日雇い労働等がこれに関連しているように思われ、少なくも明治以後には、この村の山村経済の構造と分出の関係が認められそうである。

第四章　通過儀礼

一　出産

1　お産のタブー

戦前には妊娠すると食べてはいけないものがあった。豆腐は生まれた子がシラコになるといけないから、肉は三つ口の子になるといって、柿は血が騒ぐからといって禁じられていた。戦後は何々を食べては悪いということは全くなくなった。保健所、愛育会（両神村では昭和二九年に発足）の指導が行き届いたからだ。

月経の時は、神様や仏様に供え物をしてはいけない。

2　助産婦（助産師）

戦前は助産婦などというものはいず、隣のばあさんとかお世話人が世話をする程度であった。

3　出産の習俗

子どもを生む時は畳を一畳上げて、そこに筵を敷き、その上にぼろを敷いた産床を作り、そこで子どもを産んだ。私のころでも、そのようにして産んだ人はけっこうあった。血ブクで汚れているからだろう。部屋は納戸が主だった。お腹が痛くなって居ても立ってもいられなくなってから産床に入る。

生まれるとすぐ、小豆のご飯を炊いてオボスナ様に供える。生まれたその日のうちに必ずやる。そして、取り上げてくれた人と家族もそれを食べてお祝いをする。大勢で食べれば食べるほどよいとされている。三日目には自分で産衣を縫う。

4　雪隠参り

赤ん坊のおでこに墨で犬の字を書く。犬のように丈夫になれという意味だそうである。そして、トリアゲバアサンと産湯をつかわせてくれた人が赤ん坊を連れて、自分の家と両隣の家の雪隠を廻る。オサゴ（米）をあげて拝む。廻った家ではお金とか手拭い、真綿などをくれる。終わって帰ってくると尾頭付きでお祝いをする。戦前までやっていたが、産婆が子どもを取り上げるようになってからはやらなくなった。

5　お七夜

赤ん坊が生まれてから七日目にやる。その七日間はトリアゲバアサンが産湯をつかわせに来てくれるので、トリアゲバアサンと、さらに初子だというと、嫁の実家の父親は嫁いだ娘を呼んでご馳走する。小豆のご飯、尾頭付き、お寿司などを作ったりする。嫁の実家では鰹節を持ってお祝いに来る。

6　出産は嫁ぎ先で

出産はだいたい嫁ぎ先でやる。ただしその家に姑がいない場合は、実家に戻って出産することもある。滝前の人の話もお産は嫁ぎ先でやり、子どもの名前は父親がつけた。ひと月経ってお宮参りをする。

7　赤見

生まれてから男の子ならば三一日、女の子なら四一日にならない前にいい日を選んで赤見をやる。「○月○日に赤見をするから○時に来てくれ。」と触れを出してコーチの人を呼ぶ。来る人は女の人である。昔はたいがいメリンスとかフランを一丈くらいずつ持ってくる。招待する側ではお酒を出してご馳走をする。これは長男と長女のみやる。

8　オベアキ

出産後、男の子なら三一日目、女の子なら四一日目をオベアキという。この日はお赤飯を蒸かして重箱に入れ親とトリアゲバアサンが赤ん坊を連れてお諏訪様にお参りに行く。そして帰りに赤見に来てくれた人の家に寄って重箱のお赤飯を配る。そこの家では、重箱に大豆を一つかみ入れて返すことになっている。出産後三月（みつき）にならないうちに、嫁の実家に見せに連れて行く。同じく大堤の人の話では、オベアキは子どもが生まれた後、三一日経たないうちにやる。姑がいればもっと早くやる。「赤見をするから」ということで、コーチの人に口伝えで伝えてもらう。仲人は別に呼ばない。親戚はめいめい好きに来る。呼んだ人には赤飯を配るので、湯あげタオルくらいなものをお祝いとして持って来る。男と女の初めての子についてだけやる。自分の実家にも赤ん坊を見せに連れて行く。今でもこれはやっている。出産も実家でやる。小鹿野町倉尾と大堤ではずいぶん習慣が違う。倉尾ではオベアキは全部の子どもについてするし、お諏訪様に参りに行ったり、仲人も呼んだりした。

9　初正月

出産後初めての正月に、お世話人、親戚、コーチの人が女の人の名前で、オヒョウゴというものを持って行く。オヒョウゴというのは床の間の掛け軸みたいなもので、男の子の場合なら鎧兜を着た人の絵の描いてあるものを、女の子の場合なら鞠つき、羽根つきをしている絵の描いてあるものを持っていく。貰った家では部屋中に貰っただけ全部飾っておく。一月二五日の天神様まで飾っておく。弓矢料とかオヒョウゴ代としてお金で持ってくる場合もある。貰った家ではお返しをする。

10　初節句

四月三日に、男の子も女の子もやる。親戚、コーチの付き合いのある人が、お雛様を一ケース持ってくる。今ではコーチの人みんなでお金を出し合って一対のお雛様を買い、分区長がそれを持って来るようになった。御殿雛は嫁の実家から持って来る。

初節句の雛飾り（穴倉・2010年）

11　端午の節句

五月五日の端午の節句は、男の子には幟、女の子には緋鯉をお世話人とか嫁の実家から届けられる。

12　初誕生

餅を搗いて大福にし、出産祝いをしてくれた家に配る。

13　オビトキ

男の子も女の子もみんな七歳でまとめてやる。一一月一五日にやり「帯解き」という。女の子なら振袖、男の子ならば学生服を着てお宮参りをする。それから親戚や嫁の実家を廻る。昔は初子の時だけ「孫祝儀」というのをやり、お膳を出し三献もやった。

14　産後の様子

守屋カツさんの義母あさのさんの話では、ワシの旦那は二、三里オクリで炭を焼いていた。子どもが八つになるまでオクリにいた。お産は音を立てねぇーでする。旦那に言うのも恥ずかしくて言えなかった。醤油樽で子どもに湯を浴びせ、自分でへその緒を切った。ある人は強かったから、オクリの山で一人で子どもを産み、湯も浴びせた。子どもを産んだ後も、三日も寝てりゃ長い方で、その間でもおしめくらいは洗った。ワシのおっかさんは子どもを産んですぐ上げ鉢巻で蚕に桑をくれた。

15　あれこれ

お産は小さい部屋に入ってする。その間、夫は隣りでオコモリをする。トリアゲバアサンが子をとりあげることが多い。お産をして床についているのは一週間くらいがふつうであるが、貧乏人とか、他に子どもがあって人手がない人は四～五日しか寝てられない。床上げ祝いは、男の子の場合は三〇日目、女の子の場合は三一日目にするのがふつうで、オボスナ様を拝む。オボスナ様というのは子どもの守り神であるから。ところがこの神さまは生まれて三〇日間だけ守ってくれるだけである。その日は赤飯を炊いて、うちで祀るものだが他の人にも拝んでもらう。お七夜はよそから来た人はみんなしたが、ここの人は何もしない。

お産の神さまはサンテン様（産泰様）またはサンヤ様（三夜様）という。二三日に女衆が集まって、米をまいて拝み、何かこしらえて祀ったものだ。サンヤ様は中尾と穴倉の間の峠の弁天様の向いにあり、中尾・穴倉・譲沢ではひと月に一回拝んでいた。元はもっと山の上にあった。当番の人を決めてその家を宿にして、スシを食べたり、おしゃべりをしたりする。滝前で一つの組をつくり、お産のできる女の人はみんな入った。戦争中、食料が少なくなって途切れてしまい、そのままになった。今の人は誰も拝まないで、お産婆さんを頼んだり、入院したりする。乳不動という講もある。これは小森の乳不動にお札をもらいに行くもので、七軒でやっているので「七人講」という。

お産は嫁に来た家でする。奥の部屋のタタミをあげておく。床上げの日は決まっていないが、一週間ぐらい。オヒチヤというのは、する人もあるが自分はしなかった。男の子なら三一日、女の子なら四一日目に宮参りし、その時里帰りする。里のコーチにあいさつする。仲人した人は反物などを持ってくるが、最初の男の子、最初の女の子までするくらい。

　大滝村から来た人は、出産時の様子について、自分の寝床で産むが、畳をはがして床一枚、忌み明けにはお米をもって便所を三つくらい回る。祝儀にはお産を手伝ってくれた人を呼んだ。

二　婚姻習俗

1　見合い

　嫁方・婿方の両家で仲人を立て、仲人同士で相手の選定の話が進められる。見合いは嫁方の家で行い、婿になる人と婿方の仲人のうち男の方だけが出かけて行く。嫁方の家では本人と両親そして男の仲人がこれを待って迎える。そこで出された茶を飲んだり茶菓子を食べたりすると婿が嫁として適当と承知した意味になる。婚約はクチガタメ、クチギワメという。嫁の家で行い両家の仲人一人ずつと、婿の両親のどちらかが出かけて行って、嫁方の両親とともに決める。婿は出席しないが嫁は接待に出る。話が決まると婿方から持ってきた酒一升（金のこともある）を仲人が出す。後になってこの婚約が破られた場合は嫁方で、この酒一升を返さなければならない。結酒が出されると、嫁方ではクチドリくらい出して、もてなしをする。この時、結婚式の日取りなどを決める。結納はこの地方では、結婚式の日に持って行くので別に日を設けない。クチガタメが済むと、嫁と婿はその後結婚式まで行ったり来たりすることはなかった。

　足入れ婚といってクチガタメの後、嫁が婿の家に行ってしばらくの間暮らすこともあった。最近はほとんどそんなことはないが、一〇年くらい前までは行っていた。その他「泊り初め」というのもあった。それはクチガタメの後、翌日か別の日一晩だけ嫁が婿の家に泊まりに行くことである。これは足入れ婚よりも新しいものだ。話し手の時代にはもうなかった。見合いで会った後は結婚式で会うのみだったから、婿のすり替えという事件もあった。大谷（両神村）の人が吉田（現秩父市吉田）から嫁を貰った時、弟を見合いにやった。それを本物の婿さんだと思ったので、背が高い人だったので承知して結婚の話がまとまった。ところが実際結婚してみると、前よりだいぶ背が低いみたいなので、しばらくたって「おとっつさん、見合いに来た時はわしの目が狂っていたのかも知れねえが、ずいぶん背の高い人に見えたけど、あれはおとっつさんだったのかい。」とたずねたところ、「なあにその日、俺は腹が痛くて寝ていて、弟をやったんだ。」と答えたそうだ。

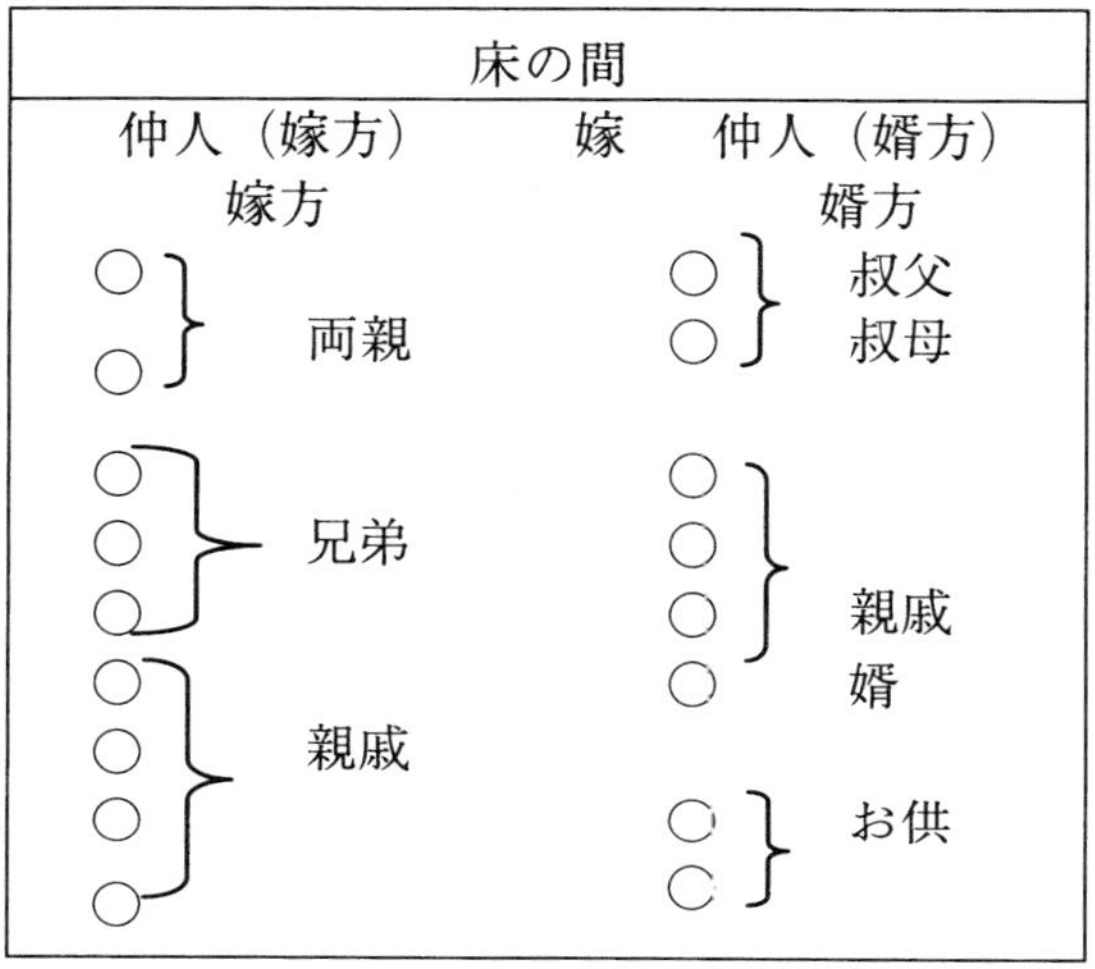

嫁迎えの席

2 結納・祝儀

クチガタメの後、結納の日というのはなかったので、両家が適当に集まって結婚式の日取りを決めた。昔の人はあまり季節ということを考えなかったが、農閑期（一一〜四月）を利用することが多かった。当日は婿方が奇数の人数で、それには叔父夫婦一組とお世話人夫妻と婿が必ず加わり、嫁方に嫁を迎えに行くことから、座敷に上り婿だけは台所（玄関を兼ねたもので、いわゆるトバの口）から入る。そして嫁迎えの席の図のような配置で席に着く。一同席に着くと婿方の仲人が「お膳をお借りします。」と言って、お膳の上に持ってきた結納品をのせて、嫁方の両親に「よろしくお願いいたします。」と言って差し出す。すると両親は「ありがとうございます。」と言ってそれを受け取り、目録に確かに受領したとのことを重ね書きして渡す。借りるお膳は持ってきた結納品に応じて二つの場合も三つの場合もある。嫁は二献目が終わった後、婿から持ってきた衣装を着て出てくる。

(結納)大堤の守屋カツさんの場合

一の膳……結納金(五〇円)、養育料(一〇円)、親戚一同(五円)、お勝手中(二円)、に祝い扇を添える。

二の膳……鰹節(二本)、するめ(二枚)、昆布(適当に)、ともしらが(一本。これで出産の時臍の緒を縛る)、柳樽(祝樽)

三の膳……袴一式、白無垢二枚、丸帯(一本)、足袋

四の膳……化粧品(紅白粉など)

その他……下駄(膳の上にのせないで出す)

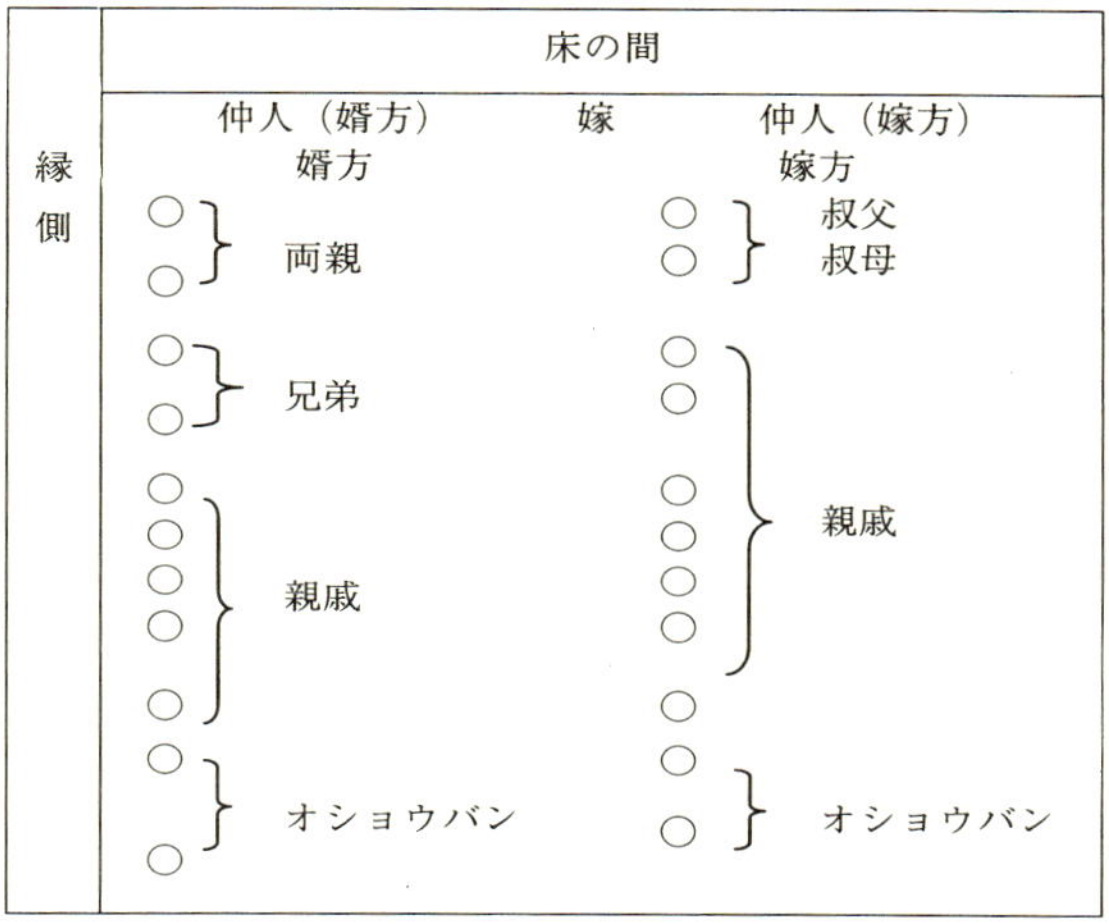

婿方の一見座敷の席

その後仲人が両家の人を引き合わせて、赤飯が出る。これは「座づけ」といって仲人は必ず二杯食べ、その他の婿方のものは一杯ずつ食べて、嫁方は食べないことになっている。それが終わると一同に一献目の酒が出て、これにゴマメ、キンピラ、数の子が付く。

一の膳↓二献(引き物……口どり・記念品)↓二の膳↓三献↓三の膳、の順に宴が続き、二献目の終わったところで嫁が出てきて、トバの方で親子盃(おやこさかず

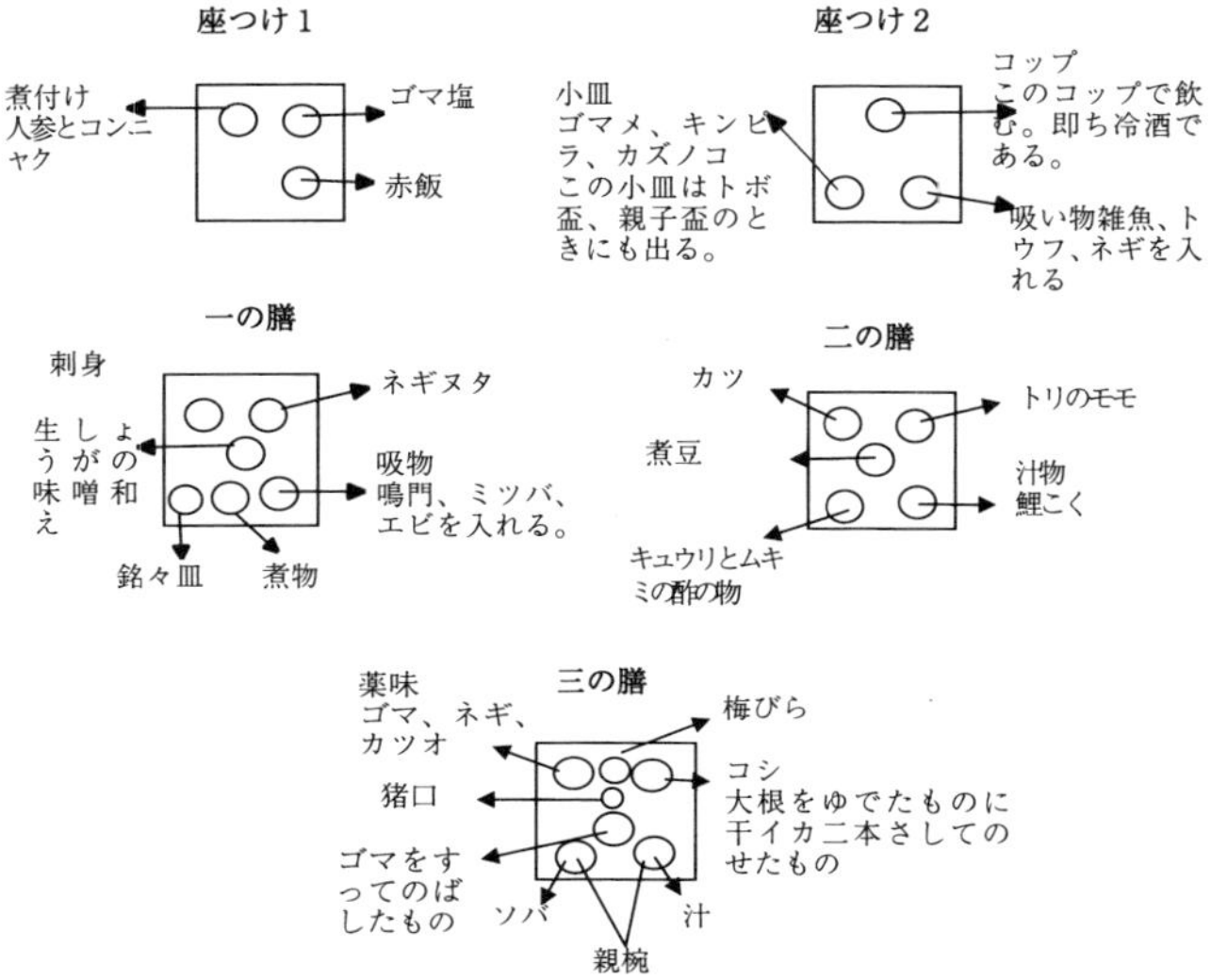

嫁方の一見座敷の膳

き）を行う。三献の後、女仲人と叔母さんに連れられて、嫁は村の神社にお参りに行く。このようにして一見（イチゲン）座敷が終わり、婿方の一行と同じような人たちで構成された嫁方の一行にともなって嫁入り行列に移る。嫁の道具もこの時一緒に運ぶ。婿方では門の所で近所の者や親戚の者が提灯を点けて待ち構えている。門を入った嫁はトバで姑とトボサカズキをする。この間嫁方では二見座敷や勝手座敷が続けられている。婿方では、嫁方とはちょうど逆の配置で一同が席に着く。

嫁が出てくるのは二献目が終わった後で、婿は席に着かず、勝手で酒の燗をつけたり、梯子段の隅などで小さくなって座っている。一見座敷が始められる。

一献、二献、三献のお酒の回し方にも順序がある。二献目が終わると嫁が出てきて、正面で婿の親・兄弟と杯がもたれる。これは近所の男の子と女の子が酌をする。三献目が終わると、あとは「オカッテのブチョウホウで……。」と言うことで燗冷ましの酒やそのほか残りの酒が出て、時にはこの宴会が延々と続く。守屋カツさんの長男の英男さんの場合は七献までやったそうである。そして切りのよいころを見計らってオシノギが出て、最後に「ヨメゴの茶」といって、嫁がお茶を出しお開きになる。こうして一見座敷が終わると、家によって違うがコーチの男衆を呼んで二見座敷がもたれたり、その後はコーチの女衆を呼んで勝手座敷がもたれたりする。このように当日、嫁方と婿方で式（宴）がもたれるが、嫁方では婿方に比べてサッソウに行うと言って、婿方でお客一人に一〇〇〇円をかけるとすれば、嫁方は七〇〇円止まりにしておくそうである。結婚式の翌日、鉄漿付（かねつけ）祝いを行う。大堤の隣部落の堂上・大谷の人も呼ぶ。男女二人ずつ呼んで膳を出す。嫁は途中で座を外し、姑と花嫁衣裳のままコーチ（大堤・堂上・大谷の範囲）を回る。結局一見座敷と二見座敷に呼んだ家は全部回ることになる。その時、村の神社にもお参りする。

　三日目に大堤と堂上の子どもたちを呼んでご馳走をする。お世話人（仲人）が嫁を紹介する。里帰りは式後五日目に婿方のお世話人、新郎新婦、舅で行く。まず嫁方のお世話人の家に行き、お礼を出す。するとそこで結

一献・二献の回し方

オショウバン（男2人）
近所の人を頼む。司会の役をやる。この人たちが最初に毒見をするという意味で盃をあけ、「オサカズキをさしあげます。」という。

三献の回し方

仲人からつぎ始め、オショウバンを除いて末席の者から順に盃を送られ、最後に仲人が「めでたく納めます。」といって納杯となる。

一見座敷の酒の回し方

婚式と同様にゴマメ、キンピラの膳が出て、一献、二献、三献を行ってオシノギも出る。それを食べた後、嫁方のお世話人も加えて、嫁の家に行く。やはりそこでも一席が設けられ、嫁の両親とお世話人から婿方のお世話人にお礼が出される。婿方と嫁方で二対一の割合で出したお金を二組の仲人（お世話人）に分けて貰うのである。この時、守屋カツさんの母親のころまでは、ホケェー（行器）に赤飯をいっぱい詰めたものを馬につけて、コーチ中それを配ったそうだが、今は赤飯としてお金を出し、それで何かを買ってもらって嫁方のコーチの人に配るそうだ。嫁の父親が婿を連れてコーチ中をあいさつに回る。この日はどんなに遅くなっても帰ることになっている。そしてその時嫁の両親も一緒に連れて帰り、婿の家では結婚式と同じくらいの宴を設けて、その日は泊まっていってもらうそうである。その翌日婿方のコーチ中を、婿の父親が嫁の父母を連れてあいさつに回る。

3　嫁入り行列

守屋きよのさんの嫁入り行列では、川を渡る時は、川に橋かけて、腰をはしょって来た。腰をはしょっておればいくらでも歩ける。橋といっても土台を渡して、その上に板をのせて、それから土をのせるだけの簡単なものである。嫁入り道具は箪笥、下駄箱、夜着布団などで、みんな一頭の馬の背に背負わせて馬方が曳いてきた。それくらいは馬の背につけても造作はない。日暮れだったので提灯を下げてきた。ご祝儀をすればどちらの家でも提灯は五張りや四張りは作ったものだ。結婚式の時は家紋入りの弓張り提灯である。小鹿野の提灯屋に頼んで作ってもらった。一つ一円五〇銭くらいした。大堤のコーチまで守屋の家のイチマケが迎えに来る。自分の方のイチマケと夫方のイチマケを合わせると結構な人数になる。その人たちが手に提灯を下げて歩ってくるのはきれえなもんだった。昔、白井差に小鹿野町藤倉の方から嫁に来た人があって、ここの大堤から提灯を点けて登って行ったこともあったけど、それはきれえなもんだった。嫁御の手を引くことなどはしない。嫁御の位置は別に決まっていないが後ろの方が多かった。

4　嫁入り衣裳

自分は黒の留袖を着て嫁入りした。裾に三〜五分くらいの模様があった。

5　中宿

中宿はめったにない。嫁入りの途中にお世話人の家があればそこに寄ってお茶を飲むくらいである。中宿を設ける場合でもその場所は決まっていない。

6　嫁かつぎ

ある二人は高等小学校が同じで一緒になりたいという話がかなり前から出ていた。ところが両家の親が反対して話がまとまらず、そこで一〇月一四日の小森のお諏訪様の祭りの晩に本人と堂上の若い衆が一緒に行って、祭りに来ていた相手のヒトを引っ担いで来てしまった。二人とも承知の上でのことだったが、祭りの晩に遊びに来て逃げたというのでは親が許さないだろうということで、そうしたそうだ。戦争中のころの話である。いろいろな反対があり、そこでやむを得ず引っ担ぐ話がまとまり決行したそうだ。引っ担ぎした後は、縁をとりもつ人がいて、一応結婚式をあげ、実家ともふつうの付き合いをしていたそうである。堂上のコーチの人も「やむを得ないなあ。親が分からないのだから仕方ない。」と言って、二人のことを悪く言わなかったそうだ。

7　婚姻の聞き書き

①　滝前の話

嫁迎えでは、嫁を迎えに行くと嫁側は迎えに行った人数の倍の人数は来ることになっている。トボ盃というのは、嫁は貰われた家に入る時、トボ（出入口）で片足を入れ姑とトボ盃を交わす。その時義父は婿と親子盃を座敷で交わす。祝宴の時、婿は台所に入って酒わかしをする。結婚式の席次は、仲人によって違うが、婿は席のいちばん端に座ったり、出なかったりする。嫁方は左側に座り婿方が右側に座る。嫁の場合は嫁方に兄夫婦とオバさん、夫の親戚（夫の両親は出席しない）そして嫁が出席した。嫁の両親も来なかった。里帰りは式の翌日に行う。行く人は新婚夫婦と夫の父母および夫の世話人である。そのほか正月、四月のお節句、七月二一、二三日などに行う。里に着くと「婿見せ」といって手拭いや葉書五枚を持って、夫の父と婿とで隣組を一回りした。「嫁見せ」いうものは昔はあったが、私はやらなかった。私の兄さんが昭和二四年に結婚した時、嫁方の村でコーチ中の二七、二八軒の家に、兄さんと母さんが嫁を連れて回ったのを覚えている。お産は来た先でやり、子どもの名前は父がつけた。宮参りは一か月経ってする。

② 白井差の話

昔の婚姻は名主から名主へと行った。嫁入りは尾根越えでなく下を回って歩いてきた。広河原まではトロッコ道を上げてもらった。結婚は仲人が両方に立つ。結婚式は白井差で行った。式には兄弟、オジ、オバ、関係の深い人が呼ばれた。正座には婿はいない。嫁は座っている。世話人は、婿方は裏の家のオジさん。嫁方も裏の家のオジさん。お互い話し合っての結婚だから、「ハシカケ」はしない。「嫁見せ」はやらない。

③ 煤川の話

婚姻において、ご祝儀ができない人は徳利酒というものだけで結婚を済ませてしまった。自分たちもそのようにして結婚したが、これは組合と親戚の人に集まってもらって酒を酌み交わして終わる。オモダチとは世話人のこと。

三　葬送

（一）葬式の進め方

1　川塩の事例(1)

①人が危なくなると親戚などに知らせに行く。ヒトに行くという。亡くなると、再度ヒトに行く。クミアイの人数人で葬儀のいろいろな仕事をする。葬式の予算は施主と兄弟が意向を述べ、クミアイの人に伝える。穴掘りについては、他のクミアイの人がする。食事は鍋でご飯を庭で炊く。

②死者には洗って化粧をし、脚絆をつけて旅姿にする。棺の中には故人の好きな物、使っていた物、六道銭を入れ、刃物を持たせる。棺の蓋は石で打つ。

③香典はふつう施主に出すが、亡くなった人が施主の父の兄弟がいる場合、施主と兄弟に香典を出し、香典帳も並べておく。葬式の行列は施主（喪主）が位牌を持ち、膳を施主の妻が持つ。

④忌み明けは葬式の翌日坊さんに拝んで清めてもらう。今は当日行う。

⑤初七日は、七日目に親しい者が集まり、七七日（四十九日）は「壇ばらい」といって祭壇を崩してしまう。今は初七日で祭壇を崩す。崩した祭壇は墓に運ぶ。

⑥血縁の人は宮参りを差し控える。親父やつれあいの場合は一年間お宮に入らない。個人の使った遺品は分配するが、あまり関係のない人にまで配る。

2　川塩の事例(2)

①亡くなると電報あるいはヒトが親戚に伝える。死者の父方母方も同じように知らせる。式の時間までに来るように、村内では分会長が触れを回す。

②クミアイの人々は集まってきて、そこでみんなに「この程度でやるから世話をしてくれ。」と頼む。組合内で間に合う時は、そのことを話して、他の組合には手伝いに来ないでもらう。使いの役は、小鹿野に行く人、穴を掘る人、坊主を頼む人に分かれる。

③葬式は死んだ日を入れて三日目に行うが、坊さんも何も頼まない人は翌日に葬式をすることがある。
④葬式の当日はみんな集まり、午後一時か二時に開始するのが通例である。坊主が念仏を唱え、お焼香をする。縁の深い人が代表してお焼香を行い、後は回してお焼香する。棺は寝棺が多く、「棺組」の人が担いで、そのあとを坊主が念仏を唱えながら行く、施主が位牌を持ち、その妻がだんご、ご飯の膳を持って並んで行く。
⑤穴掘りは同じ組の人がやる。一組だけでなく、川塩全部の人々に手伝いを頼むこともある。
⑥墓地から帰って来て手を洗い、縁側の臼（臼の絵を描いて、縁側のふちに貼っておいたもの）に腰を掛けて、足で踏むまねをして座敷に上がってもらう。
⑦シノギというのは、葬式後のご馳走の意味で、年寄りが亡くなった時はめでたいので赤飯に酒を出し、子どもの時には酒を出さない。「ちょっこら、食べ物をしのいでください。」と言ってご馳走を出し、「お茶を一杯差し上げます。」と言って酒を出す。
⑧夫方、妻方とも平等にやる。それでないとけんかが起こる。
⑨ひと七日（初七日）、今は葬式の後ですぐやってしまう。本当の深い親戚（イトコくらいまで）を呼んで折弁やご馳走を出す。「トモ」（坊さんが拝む時立ち会った人）を呼ぶ。
⑩忌み明けには遠くの人が、また来るのはたいへんだから、葬式の後、花、旗、祭壇をかたづけ、それらを墓に持って行って忌み明けとする。
⑪七七日（四十九日）は、親が死んだ場合は子どもが参加するくらいで親戚は呼ばない。「七七日まで魂が軒端に吊り下がっている。」といわれる。
年忌は家によって違う。ふつう三年くらいまで。
⑫ブクの人は神社の鳥居をくぐってはいけない（一年か四十九日まで）。

3　大堤の事例

①年忌は、その時の経済によってやったりやらなかったりする。三年忌はほとんどやらない。一代に一回の年忌をすればよい方である。シモの大尽はそんなことはないだろう。景気がよければ三回くらいの年忌をやるが、たいていは一周忌で済ましてしまう。亡くなった年の新盆だけはていねいにやる。

4　煤川の事例(1)

①亡くなった時は、本家から分家へといちばん先に親戚に知らせる。

②湯灌（ゆかん）はごく親しい人が口に含んで顔や体に吹き付ける。

③式の行列は、戸主が位牌を持ち、奥さんが花を持ち、子どもは線香を持つ。

④亡くなると「枕がえし」をして、葬式には米を洗わずに炊き、死んだ人が生前使った茶碗を使う。ダンゴも作る。

⑤お棺の中に入れるものは、袖なし（サラン）、脚絆、頭陀袋、ダンゴ、六文銭（六地蔵にやるため）、娘の隠し金などを入れる。

⑥墓に七本、塔婆を立て、七日間供養をする。七日目は「忌み明け」をする。

⑦年忌は、三年忌をふつうやる。五年忌もある。

5　煤川の事例(2)

棺は寝棺と座棺があり、非業な死を遂げた人は寝棺にされた。墓の上には屋根をかぶせた。

6　滝前の話

①葬式は一・二組、三・四組でやる。亡くなった時、組で集まって、電報を打つ人、買い物をする人、役場に届けに行く人、残っている人、穴を掘る人などを決めて、それぞれの仕事をする。役当ては、器用な人は棺を作るとか女衆は買い物に行くとかで、だいたい決まってしまう。

埋葬後の供物

②家族の人は見送る支度と埋ける支度をする。組の人は、年寄りは箱作り、棚作り、お勝手の支度、若い人は遠くへの買い物、役場への届け、お寺への報告、墓掘りなどの役を担う。棺担ぎは一組の人が死んだ時は二組の人が担ぐといったように同じグループの一方の組が担う。棺は作ることもあるが、このごろは葬儀屋から買ってくる。山中弁太郎さんの葬式（昭和四三年）の時は、板を持っていたので作ってもらった。

③昼間死んだ場合はその日のうちに買い物、電報、届け、お寺依頼に行く。夜に死んだ場合はお通夜の翌朝に動き出す。お通夜は死んだその日になるが、組の人は泊まり込まず、家族親戚の人が死んだ人の傍についている。

④親戚の人は「お客」として扱い、葬式の手伝いはほとんどやらない。親戚とは兄弟、おじさん、おばさん、いとこまでであった。

⑤体はお湯（酒は少し）で拭き、ひげを剃って湯灌を済ませる。

⑥装束は決まっていない。帷子（かたびら）、三角巾をのせ、紙で作った四九文の銭を頭陀袋に入れてやる。履物は何

でもよい。着物は決まっていなくて、色も自由、よそゆきのものを着せる。棺には生前、好きだった物を入れ、花でうずめるようなことはしない。

⑦翌日、葬式の朝は組の人が朝くらいうちから出かけ、家族、親戚の朝食を用意する。家の人は全く家事にはたずさわらない。朝食は白いご飯、みそ汁、おしんことだいたい決まっている。

⑧見納めは、棺を床の間に飾って、坊さんがお経を読んでいる時に行い、家族、親戚、近所の人の順に見納めをする。棺の前にはだんごを供える。だんごは米の粉をひき、練って丸めたものを温かいうちに三方の上に九個から六個積む。その他、果物を供える。

集落を見下ろす所にあるお墓

⑨家の前には親戚の人が持っている五色の旗を立てる。吹き流しのようなもので、何本も立てる。多い人は一〇本も立てることがある。色は黒を必ず入れ、赤は入れない。ふつう黒、白、黄、緑、紫、ピンクなどである。

⑩焼香は家族、親戚、組の人だけが行い、ほかの御仁義に来た人は、組の人が二人で受付に立っている帳場で香典を置き、お菓子などのお返しを貰うだけで焼香は行わない。

⑪掘り、棺担ぎは他の組が行い、墓場に埋

めた上に屋根を立てる。屋根には、赤、青、黄、金、銀などのなるべくはでな折り紙を垂らす。別に折り紙を切って竹にはさみ、二本墓に立てる。そのほか竹に板をつけロウソクを差して墓に立てる。

⑫穴を埋めて、家に戻ってくると立ち臼に腰をかけて足を洗う。今では立ち臼を紙細工で作り、足をこすり合わせて、足の汚れを払うまねをする。それからお勝手で塩をまくまねをして入る。座敷に上がると親戚、組の男にお膳が出る。その時お椀が三〇～五〇個必要となるが、シモ（川沿い）のものだけで集めれば何とかなる。穴倉などの古い家は一軒でそれだけのお椀を持っている。昔、共同で買ったことがある。酒は清めの一杯、ご飯は一、二膳、野菜、油揚げ、がんもどきなど出すものは決まっている。親戚、男衆はヒキモノ（お返し）が渡され、あいさつをして帰る。ヒキモノはまんじゅう、菓子、敷布、枕カバーなどである。

⑬肉親と女衆はそのあとお勝手座敷で食事をする。食事は清めの一杯とご飯、野菜など。

⑭式から七日間は毎日組の人（二組なら一組）が一軒に一人ずつ出て「オツレ」をする。毎日夜の一〇時ころになると帰る。親戚が泊っている時は略すことがある。ヒトナノカ（初七日）は「御苦労呼び」といって肉親が接待して一組・二組の人が来る。来た人はすべてが線香をあげ、ご馳走を食べ、線香代のお返しをもらわず、食事は魚を含めて何を出してもよい。

⑮三五日、四九日（七七日）はやらない。一年目から三年、七年、一三年目に墓の土が落ちたころ見計らって石塔を立てコンクリートで固める。一・二組の人が家族を手伝う。親戚はお客として手伝わない。

⑯盆にはお金をもって線香をあげに来る。昔はうどん、そうめんを持って来た。

第五章　信仰

一　祭礼

(一) 煤川の獅子舞

煤川の稲荷様の祭りは四月一五日であり、この時獅子舞などが行われ、村じゅうの人が参加するのである。昔はこの獅子舞は中学生が主に行っていたのであるが、今はやり手がいなくなってしまった。その祭りの日には煤川の人が大勢神社境内に集まって宴会を開くのであるが、お酒の負担はみんなで分担することになっている。

この獅子舞は、太夫獅子、雄獅子、雌獅子の三頭で行う。起源は疫病が流行し多くの人が亡くなった時に悪霊払いとして始まったという。演目は、戻りざさら、幣掛かり、太刀掛かり、弓掛かり、毬掛かり、桟敷めぐり、雌獅子隠し、岡崎、平ざさらである。

(二) 滝前の熊野様

滝前では昔から熊野様のお祭りが行われていたそうである。昔は一二月一七日だったが、今では一〇月一七日になり、その日はシトギを作り、一〇円程度の品物で福引をする。シトギは昔、アワで作ったものだが、今は米のシトギと豆のシトギを作るそうである。シトギは市場、広河原の一〇軒に配られる。昔は、その祭りに「でいでい師」(神楽師)も呼んだそうである。

熊野神社には七つの神様が祀られた。若宮八幡も含まれる。春は稲荷様で四月三日、秋はダイダイ様(神楽師)

を呼んで一〇月一七日に祭りがある。ダイダイ様は薄の人が来た。この祭りは三、四組でやる。一〇人でやる。ギョウジは四人で、市場の寅市、文作、実吉の三軒は毎年一人を出す。一軒をヤドに当てる。熊野様では、男衆は酒を飲み、女は甘酒を飲んだ。白井差は別にやる。

（三） 大堤の諏訪様

大堤のお諏訪様の祭りには、シントウ様（今は両神村の大塩野から呼んで来る。前は小森の人だった）を頼んで拝んでもらう。そしてギョージ（一年交替）の家でオヒマチをする。一軒に付きいくらということでお金を納めてもらい、ギョージはそれを集め、祭りに必要なものを買う。昔はお諏訪様の祭りの時、二度花火を打ち上げた。おたか神社とお諏訪様は夫婦神。お諏訪様には病気を治すためにお百度参りをする。また「あのやつは憎いから」と思ってお諏訪様の森の木に五寸釘を打ちつけたりすることもあったという。

煤川の獅子舞

大堤の諏訪神社

白井差のお諏訪様（2010 年）

（四）白井差のオボスナ様

白井差のオボスナ様はお諏訪様で、九月二七日に甘酒を作り、朝早いうちに裏の家と一緒に行って祀る。不動様も裏の家と一緒に祀る。

（五）そのほか

①オヒマチ

オヒマチも以前は盛んであったらしく、お酒を作ったり、お寿司を作ったりして村々が集まったが、現在はあまり行われていない。

②代参講

八坂、成田、古峰、三峯などの講もあり、参拝しに出かけたり、くじで代参したりして、村の日常生活から離れることもときおりあった。代参から帰った夜は、組々で宿を決めてお札をもらった後、小豆粥を食べたり、お酒を飲んだりした。

③火祭り

今はなくなったが、昔は煤川で秋に火祭りがあり、相撲とか花火をやったそうである。

④雨乞い・水乞い

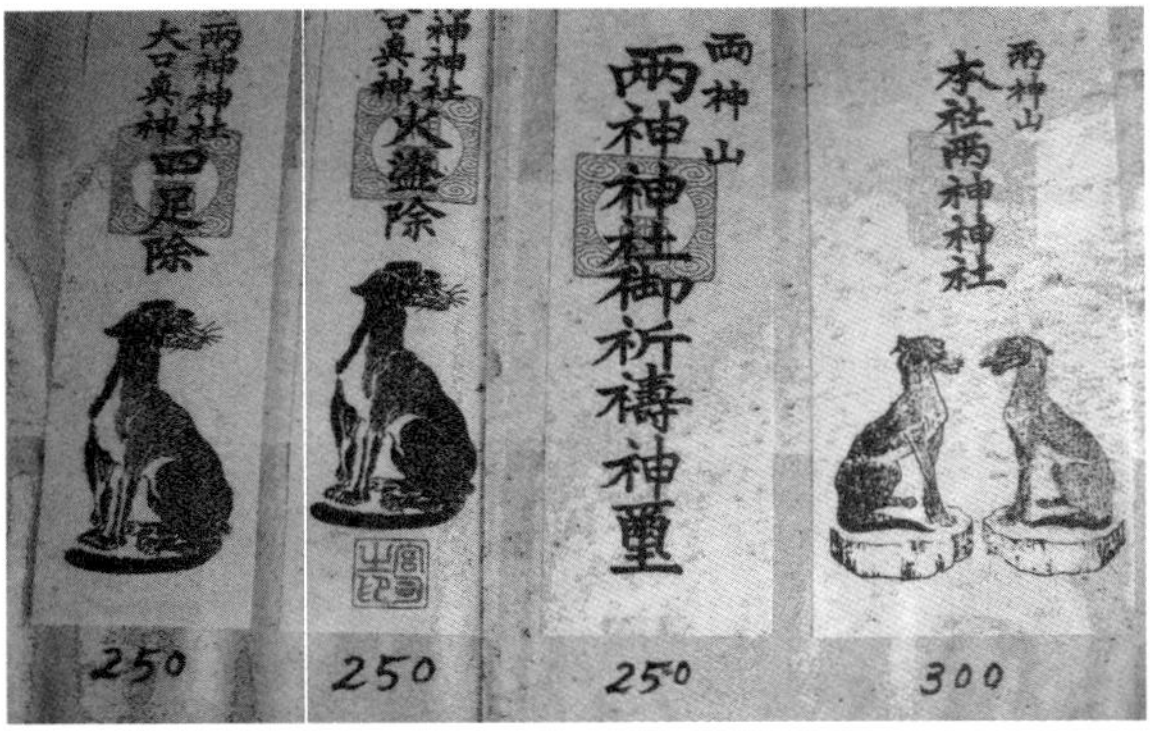

両神神社のお札（日向大谷・2010年）

大堤の守屋鶴一郎さんの話では、雨が降らないで困る時は、白井差のお不動様に雨乞いに行く。だいたい夏に雨が少なくなるので、お盆の一五日にやることが多い。自分が行った時もお盆の一五日だったが、大堤は日照りだったのに、白井差は雨が降っていた。白井差にはえらい淵があって、その淵から水が湧き出ているので、底から水をとって甕の中に入れ、それに高ん棒（二本の棒）も入れて、その甕をコーチから組を成していった人が順番に途中に立っているので、それを手送りしてコーチまで運ぶ。このことを水買いという。このようにして水を運ぶ時、途中でこぼしてしまうと雨は降らなくなってしまう。コーチに甕が届くと、個々の川の淵を一か所掘って、川の水を汲んで入れ、そのいただいてきた甕の中の水をあける。その周りをおしめで囲う。それが済むとお諏訪様に集まって、太鼓を叩いたりしてえらい騒ぎをする。そのように雨乞いをしてもまだ駄目だと、集落の北側にある四阿屋山に登って、太鼓を叩いて唱えごとをする。必ず一軒から一人ずつこれに出ることになっており、シントウ様も頼んだ。このようにすると、ワシの子どものころの記憶だが、どうかすると雨が降ったもんだ。雨が降ってくれると、大堤と堂上が一緒になって、米の餅をついてオヒマチをする。

⑤天王様

大堤の人の話では、天王様は悪い病気を治してくれる神様で、その祭りは六月一五日で甘酒を作ってご馳走する。

⑥両神さん

滝前の新井テル子さんの家の屋敷神は八幡様。八幡様とは別に両神さんを借りてきているが、本分家で祀り、交替で両神山へ行く。

⑦前鬼様

滝前の話では、下の祭りは古峰神社で前鬼様（ゼンキサマ）が祀られ、お粥の祭りをする。昔は、向こう山（向かいの山）の山の神（丸共・穴倉）、薬師様（譲沢）熊野様（市場）お諏訪様（白井差）とばらばらだった。

二　俗信

生霊・死霊・動物霊などが人間にとり憑くといわれる考えは古来から存在する。現在でもキツネが憑いたとか、キツネにだまされたとか、オーサキについての俗信が生きている。

また、秩父郡内にはお犬様の神札を出す大滝の三峯神社などがあり、両神山の信仰もお犬様との関わりが深い。そして、山深い集落では山間で働く山仕事に従事する人たちが多く、天狗についての伝承も豊かである。

(一)　キツネ憑き

1　キツネ憑きの事例

①譲沢の人が、正月二日に両神山に年とりに行って薄村に抜ける大谷峠で昼寝をしている時、キツネが風呂敷に乗っかってきた。家に帰ってくると、「今日寒い。風邪をひいているので寝る。」と言って奥の間で寝た。ある人が山の神のオヒマチの帰り、この家によるとキツネが憑いた人が「蒲団をたたむな、蒲団の中へ手を入れるな。」「お前がどこかへ行って来たか知っているぞ。何を借りてきたか知っているぞ。Yシャツのポケッ

トにいくら入っているかも知っているぞ。」と言われて、持っていた金額から全てを言い当てた。また、ある人が行くと、「あのじじいは何をしているものだ。ただものではないぞ。拝み屋か。」などと聞いた。拝んでもらったがキツネは帰らなかった。王子へ行ったり、高尾山へ行ったりしたが、「王子へはいけなかんべえ。」とキツネが言って帰らなかった。また、王子に行ったらキツネは走った。

②ある人の場合は一晩だけだった。葬式でシモに下った帰り、みんなが集まって飲み食いした。その時黙って何も食べなかった。頭が痛いと言って帰ってから、家で「ほら、ほら、そっちへよれ。」と言って、コタツを跳ね越した。天井に着くほど跳ね上がった。茶碗に全然触れずに跳ね越した。落とし屋が来ると「逃げなくちゃ。おっかねえ人だからずるずるしてられねえよ。」と言ったが、拝んでもらい一晩で落ちた。一〇年くらい前のことである。憑いた理由は、七歳のころ一二月一五日に親父さんが材木につぶされて死んだ。一七、一八歳ころおばあさんが若いから後家入りの話があったが、この人が反対した。後家さんを貰う人が反対されて悔しくてたかったのだろうという。

③ある人が一二歳の時、煤川でお菓子を買って来た帰り、薦（こも）を編んでいたおばあさんに菓子をやった。家に帰って来てから「菓子をもらってうまかった。とてもうれしかった。」とおばあさんの声でしゃべった。おばあさんがキツネ憑きだとは知らなかった。キツネはうれしくても悔しくても憑く。

④群馬の里方で、おばあさんにキツネが憑いた。おばあさんの口を借りてキツネがしゃべることには、キツネはおばあさんの訪問先からついてきた。倉の床下に住みついた。嫁がトウガラシなどを台所で料理にこっそり混ぜると、見ていないのにおばあさんがそのことを話す。飼っていた蚕と近所のいい蚕とを交換してしまった。キツネはおばあさんに一か月くらい憑いていた。「いずれ俺は出ていくのだ。」と言っていた。ある日、炒った大豆三升を材木置き場まで運んでいるおばあさんを転がせていじめたが、その日はとうとう出て行かなかった。

⑤お祭りの時お宮の中でキツネが憑いている人とけんかした。その時、その人は「おまえの家の蚕に小便をひっかけてやるから……。」と言ったそうであるが、その年の蚕は黄色くなってしまい、本当に小便をひっかけられたように腐ってしまった。

⑥大堤の人の話では、ワシたちが大きくなるころには、キツネにだまされてどこかに行ちゃった人がずいぶんいた。下のおじいさんもその一人で、向こうの山に登ったまま帰って来なくてえらい騒ぎになった。みんなで迎えに行ってやっと探したが、本人はその間どこにいたのか全然記憶がなく、キツネに憑かれていたのだろうと言っていた。

⑦ある人の話では、白狐を借りてくる時は注意しないとたいへんなことになる。白狐はオトコ・オンナ借りてくると、借りている間に子ができるが、それを知らずに親二匹だけを返して放っておくと、子が無視されているのを怒って祟ることがある。だから親二匹を返した後も祠などを大事に取り扱わなければならない。

⑧小鹿野に住むおばあさんは夢に白狐がぴょんぴょんと飛んでいるのを見た。おばあさんは「どこから来たのか。」と白狐に尋ねたところ、白狐は「おまえの家の材料置き場の下にいる。」と言った。おばあさんが住んでいる家は以前隣の家の人が住んでいた家で、隣の人が新しく家を建てたので移った後の家を借りたのであった。おばあさんはあくる日、隣に住んでいた人に夢の話をし、その材料置き場のことを聞いてみると確かに以前そこに稲荷があり、男女の白狐を借りてきたが、今はその二匹を返してしまい、空の祠があるということ。おばあさんはびっくりして祟られないように拝んでもらってどこか大きな神社に納めたという。

⑨キツネにだまされない人は度胸のある人である、という。

2　キツネ憑きのまとめ

以上具体例を列挙したが、次にキツネが村人にどのようなものとして考えられているか記す。

①キツネは嫁でも婿でもついていく。結婚したらつがいでついていく。離縁すると、行った人は帰ってくるが、そこで増えたキツネはそこにとどまる。うちの人はよく見えるが、他の人には見えない。

②キツネがついてくるとフチ（扶持）をしなければならない。キツネを粗末に扱えない。悪さをしたり、人に害を与えたりするので、フチをしなければならない。

③キツネに憑かれると祈祷師がやってきて落としてくれたそうである。

④キツネを落とすには、転がせばよい。

⑤キツネは封じて祀って神様にしてしまえば憑かない。

⑥ムジナは憑くと離れないが、キツネは利口だからから離れる。

⑦キツネを持っている家では、蚕を量る時、キツネが下がり身上の時は錘の方に乗っかり蚕を軽くし、上り身上の時は蚕の方に乗っかり重くしてくれる。

（二）キツネの化かし話

1　大堤の例

①二十三夜講の帰り、大堤への堂上から橋を渡った時、重箱が重く、気丈なおばさんだったので、てっきりキツネだと思って、「畜生。畜生。」と袖を打ち払って振り切って帰って来た。帰って重箱を開けてみるとお寿司が空になっていた。

2　煤川の例

①魚屋が煤川まで来る途中、魚を入れたリヤカーがやけに重くなってなかなか進めない。とても煤川まで着けず蔦岩で小屋掛けしているある一軒に泊まった。翌朝起きてリヤカーに積んであるものを見ると、魚は一匹

もいず、通ってきた道に頭と尾それに骨だけを残した魚が二匹落ちていた。

②秩父の魚屋さんが煤川に来て、山の上へいって魚を全部売って帰ってみたら、お金が木の葉ばっかりだったという。その魚屋は今でも存命である。

③キツネ捕りにキツネの罠を仕掛けに山に入って帰る途中、警察官に出会った。実はそれがキツネで、自分が仕掛けた罠に自分がかかってしまった。キツネにだまされたのである。

④小鹿野を出て午前二時ころ、腰越の沢にさしかかったところ、ひどくさみしく感じられた。そして今まで持っていたローソクが無くなってしまった。すると少し下（シモ）にある山神さまの所で木に猫のようなものがするすると登っていくのが見えた。家に帰ってその話をするとキツネだと言われた。

⑤ワシの経験でもキツネにだまされた話がある。ある晩、夜道である人が誰かもう一人の人を背中に担いで行くのに出会ったので、「今晩は。」と声をかけたので誰か死人が出たのだろうと思い、家に帰って聞いてみたら、コーチにはだれも死んだ人はいなかった。蓑を着ていて、顔がよく見えなかったのだが、きっとキツネにだまされたのだろう。

3 滝前の例

①油揚げ、魚を持って帰る時、母親はキツネにだまされるので、ツバをかけるか、トウガラシを入れておくといいと言った。

②最近ノギツネが増えた。ノギツネに自分の家の南京豆を食べられた。人間がもいだみたいに殻が並べられていた。未熟なものは食べなかった。子どもがいたずらをしたのだろうと思ったが、その殻を煤川の黒沢太市さんが見て、さすが猟師だけに、豆の殻に付いていた白い毛が二本あったので、キツネではないかと言うので、白井差のおじいさんに聞いたところキツネだと言った。そのキツネは鋏（動物を捕る罠）にかかって河

原で死んでいた。昔は化かすキツネがあったが、今はキツネも人間の利にならないので化かさない。最近また、キツネが増えたみたいで自分も山中で見たことがあるという

4　キツネに関する話のまとめ

以上キツネの①憑く②化かすの事例を取り上げたが、ここで憑依状態が二種類存在し、①憑くは、完全に意識が分からず、精神異常をきたす状態、②化かすは、意識はまともであり、化かされたということも察知している状態、というように二つに区別した。また②化かすの方は、動物としてのノギツネの生態と密接な関係があると思われる。

(三)　稲荷様

①煤川の人の話で、品物がなくなると「稲荷様に頼んで出してもらう。」と人づてに言うと、亡くなった品物が出てくるという。

②稲荷様は体が悪くなると油揚げを進ぜて願を掛けるとすぐ治るという。

③身体をこわし小鹿野の病院へ入院していたが、なかなかよくならないので退院させて家に連れて来て稲荷様にお願いをしたらよくなった。

④お稲荷様に進ぜた油揚げは、戸を閉めておくのに無くなっている。これは稲荷様が食べるにちがいない。

(四)　オーサキ

1　オーサキの生態・外見

①オーサキはイタチのようなもので、体長は二五センチメートルぐらい。丸い感じのする動物で、耳がとがっ

て太っている。（煤川の話）

②動作はのろい。きれいな真丸い目で耳がピンと立って、ひげを生やしていてかわいい。毛は美しく、クジャクの羽根のようでやわらかく、大きさは小さくタマゴくらい。（大堤の話）

③箪笥の引き出しに入るくらいの大きさで、体毛は赤色をしていると聞いている。（滝前の話）

④見たことはないが、ネズミよりちょっと大きなもので、耳がピンと立っている。光るように体のきれいな赤だとか白だとかピンクだとかの色をしたものである。（滝前の話）

⑤大堤の人は、二匹のオーサキを捕まえて牛乳びんに入れて学校へ持って行ったら一匹になっていた。また、竹を切っていたら、その竹にもオーサキが入っていた。一本の竹にビニールでふたをしてくり、家に持って来てのぞいたら一匹もいなかった。

⑥大堤の人が堂上の沢のついじの辺りでオーサキを見た。指の大きさくらいで、きれいな色をしてチッチッと鳴いていた。見たのはこれまで一度だけだが、はしっこげ（すばやそう）な顔をしていた。

⑦ある人の話では、学校時代、同級生と大滝村の滝沢から浜平へ行く途中、草むらがざわざわするので近づいてみた。その時猫のように耳をぴんと立てた赤や白や黒のオーサキを見た。しかし見てる間に消えてしまった。アワのフチ（扶持）が切れたので封じていたオーサキが出てきたのではないか。

2　オーサキの話

①蚕の繭を買いに来た人が、繭の乾燥倉で繭を測ったところタママユの三貫匁で、その家が思っていたよりも軽いので「安い。」と言って文句をつけて測り直したところ重くなった。家の人が望んだ以上の金が入ったそうだ。ところが、買った人が市場で量ったら三貫匁になって大損をしたという話である。重たくしたい時は、オーサキがいっぱい出て秤に吊り下がり、買う時は軽くするために持ち上げるそうだ。

②大堤の話では、オーサキは一本の萱の後ろに千匹隠れるといわれる。隠れる術をもっているようだ。

③ある人が群馬へスケに行った時、その家の年取りの晩に床の間の前で灯を消して、畳をひっくり返し、主人が米櫃を真ん中に置き、縁を叩くと、雨が降るようにサアサアという音がするが目に見えない。灯をつけてみると目の前で飯が無くなった。これはオーサキを呼んでフチをすることであるという。

④オーサキを見つけて殺すと、いっぱい仲間が助けにきて、すぐに生き返らすそうだ。そして仇を討つそうだ。

⑤ある人の話だが、兄がオーサキを捕まえて来て、皮を剥いで焼いて屋根に干しておいた。その夜、人通りが激しい音が聞こえたが、その翌日になると干しておいたオーサキの姿が消えていた。これは仲間が連れて行ったのであろう。

⑥オーサキが憑くと家産が増え、繭を持って来る。いなくなると家産が減り、傾くという。

(五) お犬様

①大堤の人の話では、大谷のいかり神社の三月一八日の祭日の日にお犬様を借りて来た。しかし借りてきたと言ったって、来るもんじゃないと思ってお犬様の悪口を言ったところ、それを聞いたらしくて家をがたがたゆすったので怖かったという話だ。両神山、三峯山はお犬様を祀ってある。お犬様は家の守り神である。シントウ様に拝んで貰ってお札を貰ってくる（お犬様を借りる）とキツネが憑かない。自分も夜学の帰りにお犬様に出会ったことがある。お犬様が通るといわれている道に大きなお犬様が座っていた。不気味だった。

②ある人が役場から帰る途中、腰越の沢を通った時、ミシリミシリと音がした。山の神を祀ってあるお堂のそばの空堀のところへ来た時、耳をはたくような音がした。ちょうど満月の夜だった。お犬様が耳をぴんと立

両神神社里宮のお犬様（2010 年）

てて、口は耳まで裂けるように、また体の毛は金のように光り、そこに立っていたのである。それを見たとたん、急に怖くなって一目散に逃げ出した。これは御眷属様といって、山の神の使いだという。

③山の猟師がイノシシを追って両神山へ行くと、そこにお犬様がいた。そのとたん猟師たちは頭を地面に下げたまま身動きができなくなってしまった。

④ある人が両神様をけなしてばかにしたら、一晩中ほかの人は誰も気がつかないのに、自分だけ家がぐらぐらゆり動くのを感じ、怖くて眠れなかった。

⑤白井差から一里半ほどのところに両神山の社があり、天狗の像が建っている。イザナギ、イザナミの神を祀っており、御眷属はお犬様である。その辺りを夜通ると寂しいというか、怖いというか、そんな気がする。山の中で小屋立てをして過ごすと不思議な音がする。

（六）天狗・山の神

①大堤の人の話では、くらがけ山に石のお宮がある。そこにお天狗様がいるそうだ。何かコーチにある時は、お天狗様が木を伐っている時だそうだ。

②霧がかかって雨が降る夜、天狗が木を伐って人を驚かす。

③山小屋に泊まっていて「天狗様なんていない」と言った人は、仕事をすると天狗様に隠されて山に置かれ、二、

三日たってから帰ってくる。

④煤川で、栗拾いに行った娘が帰ろうとして、二時間くらいで大滝側へ出て行ってしまった。その娘はてっきり降りて行った沢が小森の谷側の方であると思って、出会った炭焼きの人に尋ねたところ、大滝側であると言われ驚いて、その日は大滝で一泊して帰ってきたが、別にどういうこともなかった。天狗に連れて行かれたのではないか。

⑤煤川の人は栗拾いに山に入って道に迷ってしまった。天狗様にさらわれたのだろう。

⑥両神村薄の人が道普請で両神山へ行って天狗様の鼻をつかんだら、連れて行かれた。三、四日わからなかった。

⑦小沢口の天狗堂の天狗様の下で小便をした人が、いなくなって「山たずね」をしたことがある。その人が帰ってきて家でだましだまし聞いたところ、「高崎の運動会はにぎやかだった。花の種をもらった。道の周りにまいたら、道中が花でいっぱいになった。」と言った。その人は前にもだまされている。栗の落ちるころで、裸足で山歩きをしたらしく、足の裏が栗のイガでいっぱいだった。取れなくてカミソリでそいだそうだ。

⑧薄の浦島に天狗の石仏があり、縁日か何かで多くの人が集まって通ったら、ある人が天狗の鼻をなでて、「俺の方が大きい。」とばかにした。その人は後ろで声がするので遅れてしまった。皆が捜しに戻ったがいなかった。三、四日後、谷の通るべきでないところをうろついているのを顔見知りの人が見つけた。そこで「お前、どうしたんだ。」と言われて初めて気がついた。「何をやっていたのか覚えていない。」と言ったそうだ。

⑨伐採師が小屋をかけて泊まり込んでいると、夜、木を伐ったり、落としたりしている音が聞こえた。「天狗様が怒っているのだろう。」と言うと、六〇歳くらいのおじいさんが「そんなはずがない。」と言った。翌日、そのおじいさんが一人残って昼飯を食べていると、何か呼ぶ声がした。飯を食って茶碗を片手に持って、筵を開けて出たところ、黒い着物を着て、髪の毛の後ろに垂らした人品の良い大きな男が立って笑いかけた。

おじいさんは怖くなって筵に隠れて見ていると、いなくなってしまった。しのぶ竹が折れているので、背が七尺ぐらいだろう。大正時代の初めのころの話である。

⑩ある人が二一歳のころの話であるが、経木におにぎりを詰めて山のオクリに泊まることになった。ほかに仲間がいて、その一人が「天狗様が木を伐っている音を聞いた。」と言った。その音は「ドンドン、ギーバタン。」という木を切る音だと言ったが、他の人は「天狗様はいない。」と言ってその話を信じなかった。ところが翌朝、その話を信じなかった人たちの泊まっている小屋に来て、鼻を高くしてその人たちを脅かしたという。天狗様を見たわけではないが、天狗様をばかにした人にはお知らせがあると思っている。

⑪天狗様のお祭りは毎月二三日で、その日には山仕事を休んだりした人がいた。天狗の森というところがあって、天狗様の祠があり祀ってある。山の神と天狗とは夫婦である。

⑫天狗は昔は子どもをさらっていたという話を聞いたことがある。今は神様になったから悪さをしないのだろう。天狗堂は自分の家の裏にあるが、五月八日に祀る。

⑬両神山に行く途中、天狗様が立っていた。

（七）イッテコ

コックリ様を寄せる人である。女の人だった。木の箸を三本組み合わせて、それを三人で引っ張って占いをする。昔、あるおじいさんが「ハチとカミソリに用心してくんなよ。」と言われたことがあった。その後もそんな話もすっかり忘れて、ある時、おばあさんが孫の髪の毛を切っていたところにハチが飛んできて誤ってカミソリを持っていたおばあさんの手にぶつかって、孫を切ってしまった。そしてその孫は死んでしまったという話を聞いたことがある。

第六章　年中行事

一　年中行事

滝前の年中行事

月	期日	行事名	備考
12	28.30	餅つき	三りんぼうの日は行わない
1	1	元旦	年男が朝早く水を汲んで粥を作る
	7	七草粥	厄神、年神、疱瘡神を払う
	11	サクヒラキ	クワビラキともいう。畑に出て土に鍬を入れる
	14.15	小正月	まゆ玉はモミジの枝つきの木を切って来て、マユの形に米の粉でまるめたダンゴ（キノコの形もつける）をつけたもので、大神宮様、年神様に飾る。アワボは竹を通して粟穂の形をオッカドの木で作り、墓地、井戸神、便所神に飾る
	17	山の神	毎月→譲沢、正月.8月→穴倉
3	15	稲荷	沢の稲荷
4	3	市場の稲荷	黒沢花吉さんが祀る
	3	3月の節句	月遅れの節句。男雛も飾る
	10	琴平様	穴倉の家
6	5	5月の節句	月遅れの節句。鯉のぼりを立てる
8	17	山の神	
	27	お諏訪様	白井差
9	7.8	薬師様	譲沢で祀る。シトギを作り、お日待ちをする。
10	10	八幡様	穴倉の家
	17	オボスナ様	市場の熊野神社の祭礼。昔は12月17日だったが、今は10月17日になった。祭はシトギを作り、10円程度のもので福引きをやる。シトギは昔はアワで作ったが、今は米のシトギと豆のシトギガあり、シトギは市場、広河原の10軒に配る。女はシトギを作り、男はお札や宿の準備をする。女はシトギを食べる
12	11	お諏訪様、不動様	白井差の祭。お諏訪様と不動様と一緒に祀る
	12	火伏せの神	12月～3月までの12日に祀る
	17		十二天様（譲沢）の祭。八幡様（穴倉の祭）

煤川の年中行事

月	期日	行事名	備　　考
12	30.31	餅つき	
1	2	仕事始め	オッカドの木を切ってくる。山入りともいう
	3	天神様	子どもの書初めを幟にして神社へ持っていく
	4		五目飯を食べ、先祖さまに奉ずる
	5		山の道具を祝う
		新年会	朝はご飯で、夜はうどん
	7	七草粥	菜っ葉なら何でも入れて粥にする。調理のとき「七草ナクサ、日本の鳥とトードの鳥と渡らぬ先に何たたく、菜をたたく」と唱えながら包丁で七草の菜をたたく
	11	神明様	
	14.15.16	小正月	アワボー、マユ玉、オッカドの箸、粥かき棒を作る。繭玉はモミジ、エノキの枝つきの若木を切って来てカイコのタネ（モロコシの粉、米の粉でまるめたダンゴ）をつけたユカケ様、カイコの神様でダルマ様、小正月はカイコの祭)。アワボーは竹を通して粟穂の形をオッカドの木で作った。アワ、ヒエ、が主要な食べ物であったからたくさん採れるように祈った。アワボー・ヒエボーは神社、墓地、家の入口、神棚、便所、かまどに立てる。アワボーは最近簡略化が激しく、それはコンニャクが入って来てからだという。井戸神様には男根にもしたものを飾る。便所に木で作った刀を置く。14日に門松を取る
	20	えびす様	8日の家もある。えびす講の日に小豆ご飯で高盛りにしてお頭付きの魚を食べ、有り金を1升枡に入れ掛け軸を下げて祭る。七福神が働きに出る日
3		初午	まんじゅうを作り、ご馳走を出す。2午、3午と続く。ヒバエ（小鹿野町三田川では赤馬が出るとその年は火事になる）
	17	山の神	山仕事をしている人は仕事を休む。８、10月も17日に行う
4	15～18	春に大祭	15日は古峰、八坂、三峯、両神、榛名、天王、不動の札を貰いに行く。15～19日はダイセン詣といってフセの札は悪病除けの札。大祭には村中が参加し村人が神社で宴会を開く。祭りはギョージと呼ばれる15人ほどの人を中心に運ばれる。ギョージは河原の１組5軒、上の2組10軒で務める。輪番制3交代で行う。神主は薄の浦島さんで歳費は均等分割
	15	稲荷様	
	18	両神様	
5		ショーブ酒	魔よけのため
	8	天狗堂の祭	小森家のみが祀る
	10	両神山開き	
7	7	七夕	施餓鬼といい先祖の供養をする。また虫送りをする。
		土用丑の日	ショウジン様を飾る
9	10	榛名様	家々で自家製ののり巻きやおはぎを作って神社で食べた。
10	10	秋祭り	踊り、花火、映画、運動会、綱引きなどをやる。綱引きは最近になって始めた。
	12	古峰講	古峰神社に代参してお日待ちをする
11	17	シトギ祭	オシトギを作り新明神社に奉納し、五穀豊穣を祝う。山の神、稲荷様、宇賀神社を祭る。
12	20	すす払い	

川塩の年中行事

月	期日	行事名	備　考
12	30. 31	餅つき	三りんぼうはつかない
1	1	元旦	
	2	仕事始め	
	13	アワボ	オッカドの木で杵、臼のミニチュアを作る。便所に木で作った刀を置く
	14. 15. 16	小正月	
	15	15日粥	オッカドの木で箸を作る
	17	山の神	山仕事をする人が集まって酒や魚を食べる
	20	えびす	さんまを買ってきてご馳走を出す。えびす様が出て行く日
2	3	節分	豆まきをする
3	3	桃の節句	
4	8	観音様	観音は馬頭観音で、4月18日の説あり。昔は1月18日
	8	不動様	
	8	三峯さん	
	8	両神さん	
5	1	ゴンチの節句	子ども衆と鯉のぼりを立てる
6		農休み	農協からフレが出る
7	7	七夕	笹を切って赤い風船、発句をつるし、仕事を休みにしてご馳走、酒をふるまう。7日が終わると井戸神さんに納める。水が出れば流してしまう。キュウリ畑に入ってはいけない(うり水が出る)
	15	テンノウ様	
	15	お盆	供え物は松の下の地蔵に出す。子どもが待っていて地蔵下に納めるとぼたもちなどをすぐ食べてしまう
	26. 27	お諏訪様	お日待ちをする
8		十五夜	カヤを採ってきておまんじゅうを供える。月の見えるところに机を出す。サツマイモ(サトイモの家も)を奉ずる。十五夜花を飾る。子どもが長い棒の先に針を打ち付け遠くから取って食べてしまうが誰も注意しないで笑う。
9		十三夜様	十三夜様にはいろいろな果物を奉じて祭りをする
		二百十日、二百二十日	二百十日に神様を祭り酒を飲む。二百二十日も同様。「二百十日も事なく住んで村の太鼓の音がする」
10		十日夜	子どもが縄をまるめた芯にサトイモの茎を入れ、それを持って「トーカンヤ、トーカンヤ」と言いながら地面をたたき、1軒1軒回って歩く。5円でも10円でも、その家の人が出してくれる。3～15歳までの男の子の組と女の子の組がいっしょになって回って歩く。「朝ソバキリに昼ダンゴ、ヨーハン(夜飯)食ったらひっぱたけ」という
12	12	えびす様	えびす様が出稼ぎから帰って来る日
		クワアライ	農具をきれいにして酒をかける。麦まきの後11月中の家もある
毎月	17	山の神	
	23	サンテン様	

二　正月行事

（一）正月

1　正月の準備

白井差の山中イエ（小鹿野町倉尾生まれ）さんの家では、小鹿野町に正月用の食料を買いに行った。餅つきは一二月二八日または三〇日につき、二九日は「二九日餅」といって嫌われる。広河原の黒沢花吉（白井差生まれ）さんの家は、トチモチ、アワモチ、ふつうのもち米の餅の三種類の餅をつく。トチモチはトチの実の灰汁を抜いた黄色い餅で砂糖などをつけて食べた。またトチの実はどこの家のものを採ってきてもよいとされている。家によっては一臼分の餅で大きな重ね餅にし、桶に入れて年棚に供えた。正月二日に、まだその餅が固くならぬうちに細かく切っておき、雑煮に入れて食べた。

正月の飾りつけは大堤の守屋カツさんの家では、一二月三一日は「一夜飾り」といって嫌い、一二月三〇日に年男が飾り付けを行った。飾り付ける場所は、松飾りは神様のほか建物などに飾る。飾られる神々は次の通りである。イドガミ、オカマコージン、エベスダイコク、ワカミヤハチマン、オイナリ、ショウガツサマ（トシガミサマ）、ダイジングウサマ、オサンミョウサマ（便所神）、テントウガミなどである。小正月の松飾りを供える場所も同様である。年棚は天井から降ろすが、降ろさずそのまま神棚に飾ることもあった。

松飾りはナラの木を割ったものを付け木としたものと、松だけのものの二種類があって、付け木のある松飾りは神棚と門口に飾った。また神々に飾る松はサンガイ松（枝が三階になっている松）で、建物などの松飾りはサンガイでなくともよい松飾りには、ふつうの餅を細く切って、半紙に巻いて松の枝にさした。年棚と門口の松は一対で、オカマコージン、エベスダイコクに飾る松は注連縄にさした。松飾りをする順序はいちばん先にダイジングウサマ、次にショウガツサマ（歳徳神）から始め、母屋内の神々を祀り、さらに外に出て、門口、氏神（屋敷神）に行き、順次、家の周りを一巡して飾った。幣束（へいそく）はショウガツサマ、エベスダイコク、オカマコージン、氏神様（二本）などに飾った。

2　年棚の飾りつけ

年棚は居間にあり、ふつうは神棚になっているところの前に、天井から年棚をそっくり降ろすようになっている。ショウガツサマとトシトクジン（トシガミサマ）は正月様と歳徳神の文字が印刷された一枚のお札から成り、注連縄にさしたお神酒の入った二つのお銚子を飾った。また年神様の両端には松飾りをし、その枝に二つのミカンを糸で結んだものを枝にいくつかひっかけた。年棚の前には梁づたいに年棚の片端から他方に終わるように四角に縄を張り巡らせる。その縄に少しずらして二つ折りにした半紙をはさみ、その数は年棚の辺に四枚、他の辺に二枚で合計一〇枚である。年棚の辺の半紙の間にはまた四枚の御幣（幣束）をはさんだ。そして年棚、神棚の前の梁、つまり張り巡らせた縄の一辺にあたる梁には、七品または一二品の供物を吊るした。その種類はサケ、スルメ、コンブ、干し柿、カブ（ダイコン）、ミカンまたは大福帳、手拭いなどで、吊るされた品物の上に半紙を傘のようにかぶせた。その品物については柿は「かきとる」、カブは「かぶづく」、コンブは「よろこぶ」というように、めでたい言われがある。そのほか年棚の右隅には、米俵の桟俵（ふた）を敷いて、鏡餅（重ね餅）を供えた。

白井差の山中イエさんの家の場合、昔、別々の檜から採ってきた枝を二本ずつ藁で縛って飾り木とした。飾ったところは、オスワサマ（氏神＝屋敷神）、コウジンサマ、エベスダイコク、トシガミサマ、イドガミなどである。鏡餅は黄色のトチ餅と白いふつうの白い餅を重ねた。穴倉の新井さわさんの家では、柿、ミカン、クリ、マス（魚）を飾ったが、昔、小森川一帯ではクリを飾るのが一般的だった。しかし現在では飾っていない。またマスの代りにシャケは飾らない。

3　若水汲み

元日の朝、年男が日の明け切らぬうちに、川や沢もしくは井戸から注連縄を張った桶などに水を汲んでくる。その水で年男が粥を作り、またお茶を沸かして年棚に供えた。

4　初詣

大堤の氏神（鎮守）であるお諏訪様に注連縄を奉納して詣でる。現在では都市生活者の初詣と同じような初詣もする家もある。そのほかコーチの出入口（部落境）に飾りつけをするためコーチの人々が集まってくる。その飾りは六メートルほどの竹を境の道（橋になっている）の両端に立て、竹の上部は葉を残し、注連縄で両方の竹を結びつけ、その中央に二個のミカンを糸に吊るしたものを一対吊り下げる。さらに竹の脇には松飾りがあり、幣束を立てた。ダルマは昔、年末に商人が売りに来たが、最近では来なくなったので三一日の晩、小鹿野の小鹿神社に買いに行く。ダルマの大きさについては、最初は小さなダルマを買い、毎年一サイズ大きいダルマを買っていき、年棚につかえるようになったら、また最初の小さなダルマを買うのが家例であった。

災厄がムラに入らないようにする道切り（大堤）

5　正月の食事

大堤の守屋カツさんの家では、三が日の朝は粥を、夕方はソバやウドンを食べた。今年の朝は小豆飯で、おかずには白菜の漬物と煮物（コイモ＝里芋、ダイコン、ニンジン、豆腐、コンニャク）がついた。昼は特別これといって決まった食べ物はなく、雑煮を食べているという。白井差の山中イエさんの家では、元日に朝は小豆の入らない粥を食べ、二日、三日は正月前にたくさん作っておいた小豆粥や汁を食べた。粥を食べるのは「米が三粒入っていても、粥には変わりないので貧乏しても正月に食える。」からと話した。穴倉の新井さわさんの家では、粥は年男が三が日分を一度に作り、三が日冷たい粥を食べていた。しかし、冷たくおいしくないので、おじいさんの代からやめてしまった。粥はゆるい粥とかたい粥があり、家によって異なる。「ゆるい粥は一年をゆるゆると暮らし、かたい粥はかたく暮らす。」のだという。また、元日の朝、里芋の田楽を作り、年棚に供え、昼にそれを主に食べた。

6　年始

小森川一帯は年始回りといっても親族が集まったりすることはなく、ただ二日に親族や縁故のある人がばらばらに来る（行く）ことがある。昔、年始回りをする人は手拭いと足袋を持って行くのが常であり、その客に対してはミツグミ（三つ組）といって、白い陶器の三段になった入れ物に、魚、カズノコ、煮物を入れ、食べてもらった。その時、お燗した酒をすすめた。お寺への年始は正月四日にお寺へ半紙を持って行った。

7　お年玉・正月の遊び

お年玉はお金で子どもたちにあげていたが、最近では金額が大きくなったので、誰もがあげるというわけにはいかなくなった。子どもたちは凧上げや百人一首などをして遊ぶ。

8　山入り

正月二日は仕事始めの日で、山の仕事をやっていたころは早じまいをして帰宅した。またこの日、「オッカゾきりに行く」といって、小正月に飾る飾り木である松、オッカゾ、モミジ、ウメ、ケヤキなどをたくさん伐ってきた。その時伐る木は明けの方（その年の恵方）にある木で、その明けの方は市販の暦で決まっている。最近ではオッカゾ（ヌルデ）が少なくなったこともあるが、一本だけ明けの方から伐ってくれば、タシマエ（最初に伐る木以外の木）はどの方向のものでもよくなっている。また、他人の山からその飾り木を伐ってきてもかまわない。それは、めでたいことだから喜ぶべきことであるという。伐ってきた飾り木はどこに置いてもかまわない。山入りの日に、オヒラといってイツイロ（五色）やナナイロ（七品）の野菜の入った煮物を食べる。

9　三日月様

旧暦の正月三日は三日月で、月がよく見えるところ、特に屋根の上にソバやお神酒、豆腐をお月さまに供える。その豆腐は凍るが長持ちする。それをずっととっておき、「魚の骨が使えた時、それを飲み込むと治る。」というまじないもある。

10　タナサガシ

正月四日は年棚の供物を下し、おじやにして食べる。

11　七草粥

正月の年棚に飾った七品または一二品の中から、七草粥にカブ（ダイコン）、クリを入れ、また干し柿やミカンも、ほんの少量でも形ばかり鍋の端に加える。また料理する際、包丁で七草を切りながら、「七草　ナズナ　唐土の鳥が　日本の国（土地）に　渡らぬうちに　菜を叩け」といい、くりかえして唱えた。

12　オタチアゲ

正月七日は正月様が帰る日で、年男が茶碗一杯のご飯を年神に供え、後で下してお頭付きの魚とともに食べた。

庭先のアワボーとヒエボー（市場）

13　**蔵開き・鍬立て**（カダテ）

正月一一日の蔵開きは、蔵の戸の前に御神酒を供える。また、この日は鍬立てといって、明けの方の畑に行き、酒とオサゴ（米または玄米）を供え、ミサク（三回さくる）ほど鍬で畑を耕す所作をする。

（二）　小正月

年棚やカイコ神、その他の神々に松飾りや削りかけ、供物などを供える。カイコ神は掛け軸のものが多い。また一四日は小正月の準備や大正月の飾り物を片付ける日でもある。片付けられたものはまとめてどこかに捨てるが、燃やすことはない。大堤では氏神（鎮守）であるお諏訪様の裏に捨てる。ただし三宝荒神の松飾りはとっておき、雹（ひょう）が降った時、軒下でその松を燃やすと雹が走る（止む）という。

1　**繭玉**（メーダマ）

正月二日の山入りの日に、明けの方から家々によってモミジ、ウメ、ケヤキなどを伐ってきて、一四日までに置いておき、一四日にメーダマをさして、カイコ神や神棚に供える。この地域一帯はモミジが多く、前々から目を付けておき、切り株から枝が伸びているものを切り株ごと伐ってくる。メーダマのだんごは白い色のものだけで、主に丸い形だけれども、養蚕農家はメーダマの形、キノコを栽培する農家はキノコの形、炭焼きをした家はエブリ（杁）の形、猟をする家はウグイスの形なども一緒に飾る。一四日は、女たちが米の粉とモロコシの粉をこねて、メーダマをこさえる。年神様に一二個、仏様に一六個、オカマサマ（荒神様）に三六個供える。その数については、「トシガミサマは一年一二か月だから一二個なのだろう。」といい、ほかはなぜだかわからない。また、お蚕がよくアタルようにとアンを入れることもある。掛け軸に描かれた蚕神の前にメーダマを飾るが、そのメーダマの木の株の下に枡の絵を描いた半紙を敷いた。広河原の黒沢花吉さんの家では、蚕神以外のところに飾るメーダマのボヤ（枝）にはだんご三個ずつ付け、トボグチ、井戸、便所、立ち臼、俵などに供えた。

2　ケズリカケ（削り掛け）

①アワボー、ヒエボー

イナボーはこの地域にはない。メーダマと同様にオッカド（ヌルデ）の木で作る。篠竹を割って、ジロ（囲炉裏）で曲げ、二又にし、それぞれの竹の先に二本のオッカドの棒の髄にさす。広河原の黒沢花吉さんの家では、神棚の前にハデ（麦などの束を干すための竿）のようなものを設け、引っかける。大堤、煤川などでは神棚の両端にひっかけて供え、現在このような飾り方が一般的である。

②刀

蚕神の守り神としてオッカドの長い棒を供える。年棚にはこの刀を二本束ねて供えるが、便所には一本だけ、しかも鍔も付けたものでこちらの方が本物に近い形をしている。

③メズラバシ

メズラとはインゲンのことで、オッカドの木をインゲンの形に似せて削り、箸を作る。箸の数は家族の人数分作られ、一五日朝の粥または小豆粥を食べる際に、それを用いる。形は家によっても製作者によっても少し異なったものになる。

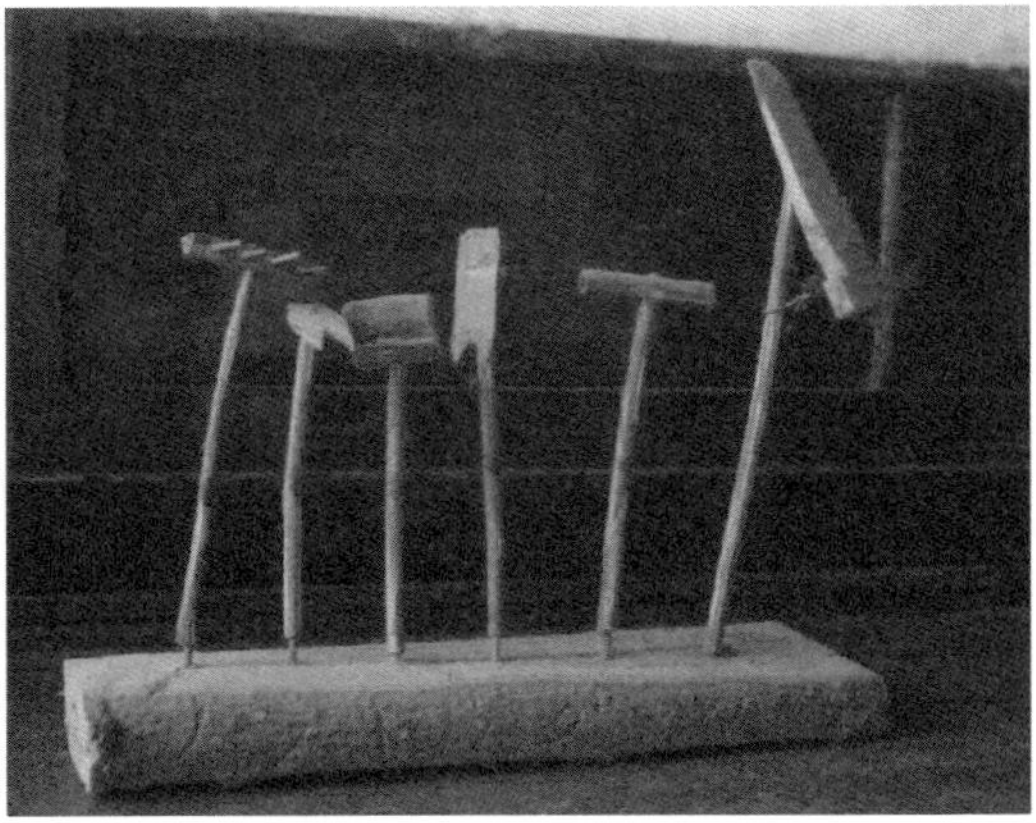
小正月のツクリモノ（市場）

④カユカキボウ（ケーカキボー）
オッカゾの太めの木を割り、割れ目にメーダマをはさんで二本に束ねた棒。一五日粥を食べる際、「山は山になれ、川は川になれ。」と言いながらかき回し、引き上げる。粒が多くついた時は豊作で、少ない時は凶作といわれる（これは粥占の一種で、年占でもある）。

⑤マラー（男根）
井戸神に供える飾り木で、太いオッカドからマラーを模した形をしたものである。しかも現在では他の飾り（削り掛け）と区別できない家もある。

⑥そのほかの削り掛け
削り掛けにはほかにも多く作られる。また鳶岩の黒沢モトさんの家では、農具のサクリ鍬などの農具のミニチュアをいくつも木の台にさしたものを作り神棚に供えた。

3　成木責め

小正月（一五日）に、柿の木に実がよくなるように、鉈で幹に傷をつける。その際「ナラナイトブッタキテクレル。」という。以前は、一五日にメーダマをゆでて食べるが、ゆでた後の汁を柿の木にかけたという。その時は何も言わない。

4　小正月（蚕神）の神饌

正月一四日にうどんを作り、ざる（箕）の中に入れて供えるが、その前にカシの葉とモミジの枝、三又の桑の木を飾り蚕神のお膳を作る。一四日の晩から一五日にかけて、蚕神の前に卓を置き、その上に燈明とお神酒を供える。またその前にはざる（箕）の中に膳を置き、膳には昆布、小豆ご飯、オヒライツイロ（大根、サトイモ、コンブ、豆腐、ゴボー）の三種類の神饌を供え、それは一六日の朝食に食べるという。

5　そのほか

大堤の守屋カツさんの家では、一五日は風呂に入ってはいけない日になっている。ほかの家ではオシラサマ（蚕神）に一六個の小さな餅を桝に入れて供える。

正月の墓参り

(三)　そのほかの正月行事

1　墓参り、薮入り

正月一六日は「鬼の首でも許される。」といい、里帰りをした。そのほか、両親がそろっているものだけで、お頭付きのご飯を食べる。白井差の山中イエさんの家では、この日は墓参りも行い、墓に米をまき、水をかけ先祖様を供養する。

2　山神講

大堤では、正月一七日は山仕事を休み、山の仕事仲間が集まって、山の神の祠に切り口を斜めにした一節の竹を二本束ねて酒を入れて供える。白井差では、山の仕事仲間がこの家に集まり、共同飲食（オヒマチ）をし、そのうち三人ほどの総代（若い者）が、山の神の旗と掛け軸を山の祠まで持って行き、大堤の例のようにして酒を供える。

正月一七日は、小正月に供えたものを「アワボー・ヒエボー　二〇日の風に吹かせるな。」と言って降ろすところが多い。その時のメーダマは粥の中に入れて食べたり、焼いて食べたりする。これを食べると「歯が丈夫になる。」という。

3　エビス講

正月二〇日はエビスダイコクに粥を作って供え、メーダマをゆでて食べる。メーダマ入りの粥を食べて働きに出かける。これを朝エビスといい、これで正月が明けて本格的な仕事にとりかかる。一〇月のエビス講を一夕(ゆう)エビス」という。「二〇日の粥を吹いて食べてはいけない、米の花が飛ぶ。」という。「たぶん嵐が来ないよう願ったのだろう。」という。

4　天神講

正月二五日は天神様のお祭りで、朝、粥を食べる。この粥を「天神粥」という。白井差では、二四日の晩から、二五日にかけて天神様にスシ(稲荷寿司)を供えた。また子どもたちは太鼓を叩いたり、カルタ遊びをしたりする。これをオヒマチという。広河原の黒沢花吉さんの家では、メーダマをゆでて食べた。昔、大堤では字が上手になるようにと、習字の師匠のところへ寿司を持って行った。

5　節分

①豆まき

・年男がジロの明けの方の隅で炒った豆を枡に入れて、神棚、テントウガミ、コウジンサマ、エビスダイコク、イドガミ、氏神(屋敷神)、便所神、建物などに供える。そのあと最初明けの方(恵方)に向かって、「福は内、鬼は外、鬼のまなこをぶっつぶせ。」と言いながら豆をまき、そのあと同じように唱えて豆を家の内外にまく。

②まじない

・桝に入れた豆を自分の年の数だけつかむと縁起がいいという。
・供えた豆はその時食べないで、初ガミナリサマがなった時食べるとよい。
・豆まきにはジロのヨツボ（四隅）に豆を供えることも行われ、同時に明けの方の隅でイワシの頭としっぽに豆の柄（豆がら）を二本通して、つばをつけながら、しかも「アブ、ハチの口焼きもうす。ヘビ、ムカデの口焼きもうす。」と唱えながら害虫退治のまじないをする。この時唱えられる害虫はほかにもある。
・ヤカガシ（焼いたイワシ）を門口に突き刺す。追い出した鬼がまた戻って来ないようにという意味である。

③豆占

それぞれの月を表す豆を一二粒、ジロの火のそばに並べて焼き、黒く焼けた豆の月は雨が多く、焼けないと晴れが多いという具合に月々の天気を占う。

6 初午、丑の日

白井差の山中イエの家では、大正月の飾りを初午の日に、ジロであぶるとカイコ神様が乗ってくるという。

冬の丑の日はテントウカミサマを祀る。

ヤカガシ

三 家例

1 守屋カツさんの家の場合

守屋家の家例でダルマは一年おきに買う。小さいものだから順に大きな物を買って、大きくなったら元に戻って小さなものから始める。またお盆の一三日に、うどん粉のたらし焼きを作り、盆棚を作って、そこに供える。仏様が帰ってきたら、まず落ち着く意味だそうである。また、お盆の棚にはナスビを二本しか供えない。これはばあさまが裏の畑に行ったらそれしかなく、貧乏なのでそれでもよいと思って供えたのが始まり、また正月の餅つきに「日の出餅」と称して、餅をついて、一度そらして杵につけたまま地べたに落とす（下に蓆を敷いておく）というものもある。これは昔、貧乏で餅がつけなくて借りてきてやっと餅がつけたうれしさのあまり、弾んで餅が跳び出したというのがその言われである。このような家例は「すうえもん」という祖父の祖父が何でもこの家を起こした人ということで財産を作った。それまで餅をつけないほど貧乏をしていたのを各人が忘れないために家例を守るのだという。この家に来た当時、習慣などがずいぶん変わっていると思った。おしゅうとさんが一切取り仕切った。それでそれを見て覚えた。自分が来てから行事のやり方が変わったことはない。ただ正月にうどんで夜ご馳走を食べたのを逆にした。これはカツさんが言い出した。しかし味噌や醤油の仕込み方の違いはなかった。カツさんが若いころに百姓仕事をしていなかったので、紙漉きや蚕などここに来て覚えた。

2　滝前の黒沢ハヤ江さんの場合

群馬県六合村から嫁に来ているが、正月の行事は嫁ぎ先のしきたりに従う。譲沢からシモの家（奥重さんの家）に嫁に行った母は群馬から来た父のしきたりに従う。タビに来てもクニではそうだと奥重さんの家では群馬のしきたりである。自分がここ（角一さんの家）に嫁に来た時様子が違って何も知らなかったので、当時ここにいた小姑さんから全部聞いた。小姑さんが嫁に行くことになったので、忘れないように何日に何をするか、帳面につけておいた。実家とこの家とでは食べ物の違いはない。作物の禁忌も聞いたことがないがそのような話があるのは知っている。群馬の里では白根山の祟りと恐れてゴマを作らない。群馬と滝前の違いとしては、群馬では松を飾らない。群馬では大きな鏡餅を作るが、滝前では小さな鏡餅である。

3　滝前の関忠吾さんの場合

自分のクニ（群馬）とここ滝前とのしきたりの違いはあるが、今自分たちのやっているのはどちらのものか分からない。餅をつき、雑煮は三日間食べている。土地の人は粥を食べたり、芋を食べたりするが、自分のところは七草だけは粥にする。繭玉も百姓のところでは立派なものを作るが、自分の家でも作る。しかしアワボーは作らない。関さんの家の正月行事には、滝前の行事でやっているものもあるが、異なっている点が多い。それが群馬のしきたりかどうかは分からない。

第七章　生活

一　住まい

(一)　家の間取り

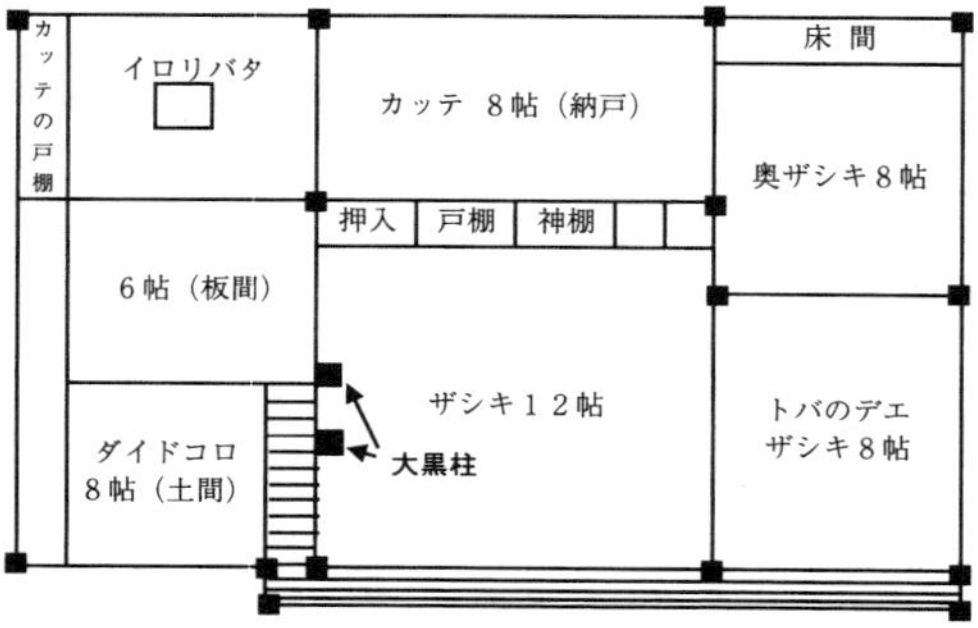

山中登一郎さんの家の間取り

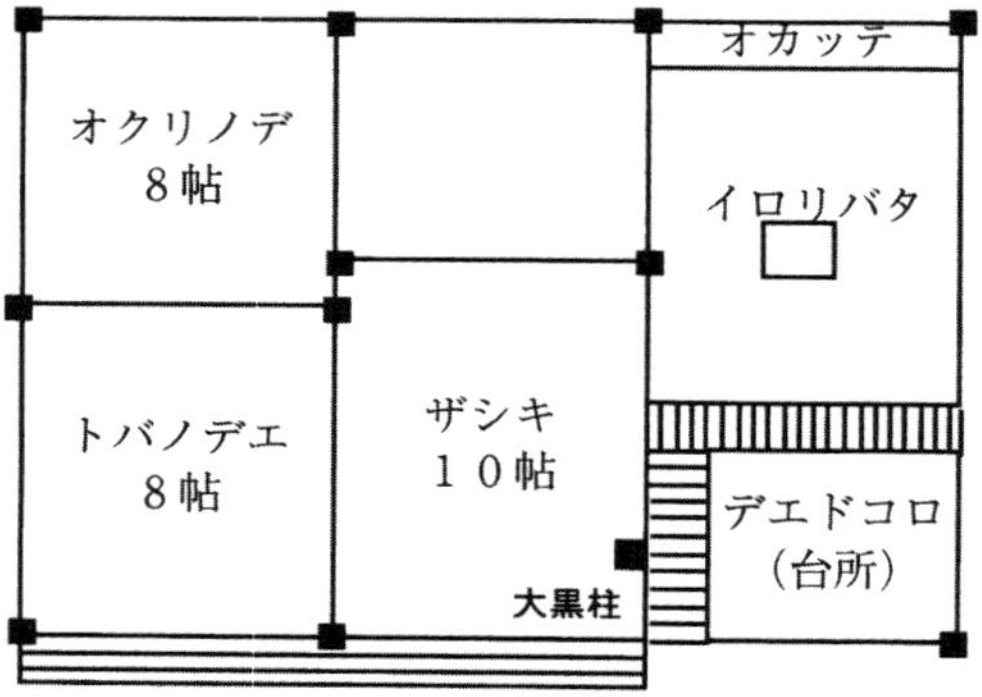

山中恒吉さんの家の間取り

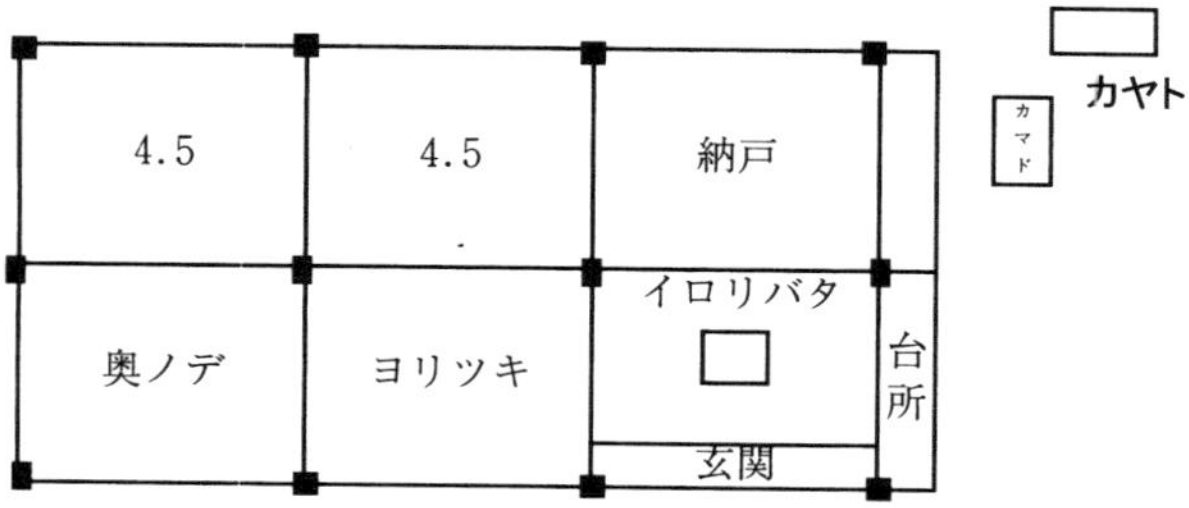

黒沢鶴三郎さんの家の間取り

(二) 屋根

1 煤川の屋根材の変遷

当時の屋根は萱葺きのもののほかに栗板のものがあって、黒沢太三郎さんの家も一六、一七年前に板葺きからトタンに替えた。滝前の黒沢花吉さんによれば、栗板の屋根は「ササ板」ともいわれ、その葺替えは五年ごと、表、裏、上、下と四回返すことができるので、一回葺くと二〇年は使えた。

黒沢たねさんによると、杉皮は寒い時期だとだめだが、春だと柔らかく、皮が剝けるので適当な大きさに切って、一方から巻くようにして剝ぎ取るようにした。黒沢たねさんが村に嫁入りした当時はクズ屋根と栗板の両方があったそうで、山持ちのダイジンは栗板の貯蔵もしていた。杉皮の屋根がいつころからあったか不明だが、あるいは新しいもので一時的なものであったかもしれない。屋根はこのほかにムギワラのものもあったが、これも麦生産が盛んであったころのことと思われる。現在はほとんど瓦かトタン屋根に替っているが、それは比較的最近のことらしい。屋根はササ板といって、栗を割った板で葺く板葺きである。葺き替えは五年ごとにやり、裏表上下を逆にして四回返すことができるので、一枚の板で二〇年持つ。お大尽の家でも板葺きだったが、黒沢松五郎さんの建て替える前の家は茅葺きだった。屋根に檜が生えていた。麻のから（幹）で葺き替えをした。いつ建てたか分からない古い家だった。ぼたぼた雨漏りがするので屋根替えをしろと善一さんが言った。屋根の材料は、栗の板葺き、茅葺き、藁葺きもあった。

大堤では板葺きの家が最後まで残っていたのは、守屋磯吉さんと守屋熊吉さんの家で五年前に葺き替えた。屋根葺きには交替で手伝いに行く。最初に瓦にしたのは坂口（屋号）の家で二〇年位前のことであり、守屋カツさんの家では一八年前に瓦に葺き替えた。屋根葺きは春先の四月ころにする。煤川の黒沢太三郎の家は一六、一七年前に板葺きから今のトタン屋根に替えた。その時のスケアイの様子は、組合から一人がスケに来るし、親戚からもスケに来る。ブリキ屋は小鹿野の田島さんに頼んだ。並びの人が主として手伝いに来たが、親戚もそこに加わる。やはり懇意にしている人が中心になるが、組と親類の役割分担はしない。この時黒沢勝一郎さんの子の音治さんが大工の技術があったので手伝った。今井仙吉さんの家では隣近所がスケに来た。川塩では、山中子の吉さんのおじいさんが最初にトタン屋根に直した。トタンはペンキを塗り替えれば良いし、板葺きに比べ長持ちする。藁葺きの屋根を葺き替えようとする場合、前もって麦藁を貰い集めておく。専門家が葺き替える。小鹿野付近のオオジョウの屋根屋さん。板葺きは大夕立が降ると雨が漏る。山中登一郎さんが四〇~五〇歳ころまで家は板葺きであった。

煤川の黒沢たねさんの家の屋根は麦カラ（ワラ）で葺いていたが、麦作が減ってから止めた。しばらくは自分の麦だけで足りなくなっても、近所の人のものを貰って貯めて屋根葺きに使っていたが、ネズミが巣をこしらえるようなもので、貯めておいても仕方がないのでとうとう止めてトタンにした。屋根には麦カラのほかにクズ屋根もあった。葺き草が少ないから屋根の片方ずつ替えた。杉の皮で葺くこともあった。杉の皮は春なら皮が剝けるが、寒くなると剝けない。適当な大きさにきって、一方をくるくると巻くようにして皮を剝いていく。山をもっている大尽でもあれば栗板の貯蔵もできた。屋根を葺くのに五、六人で一日にカタッピラくらい葺けた。大きい家の屋根でも二日で全部できた。煤川では屋根の葺き替えは、スケアイと言って一軒の家から二人ずつ出て助け合った。屋根替えは六〇年~七〇年に一度葺き替えをする。煤川では黒沢伸一さんの家だけが茅葺き屋根だった。昔は鳶岩二軒、煤川二二、二三軒、滝前一一、一二軒で一組となっていた。

大堤の守屋鶴一郎さんの話では、わしの子どものころはみんな藁葺き屋根だった。一〇年くらいはもった。薄の岩田さんという屋根職人を呼んで、それに近所の人をスケに頼んで葺き替える。昔は麦藁を屋根材にしたので

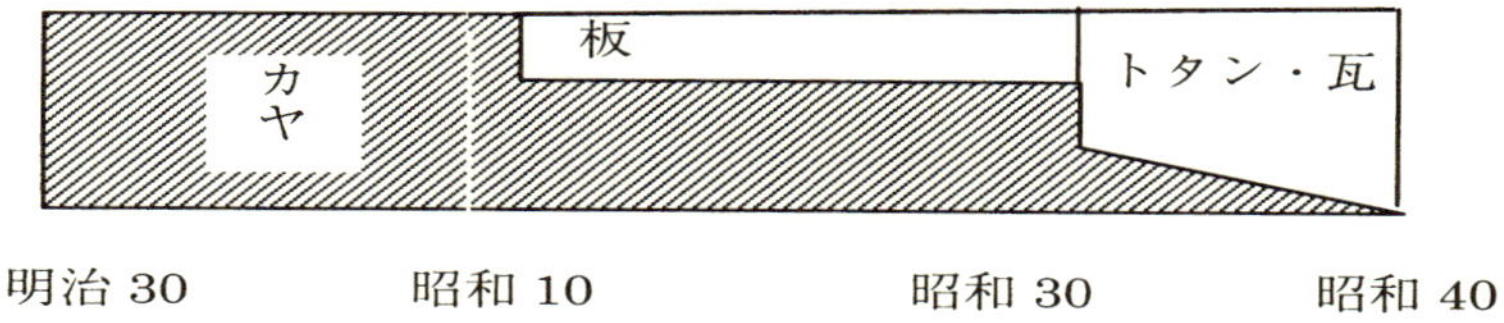

屋根材の変遷

麦藁の使い道があったが、今は畑の草を防ぐために敷くくらいである。昔は一束五円くらいで麦藁を売ったことがある。肥料にすることもあった。最近はコンニャク畑に敷くためにけっこう売り買いがあるようだ。二〇年くらい前は、ササ板（クリの木）屋根であった。この屋根の葺き替えは三年に一回やった。春の蚕の前にやる専門の人はよそから頼んだが、近所の人もスケに行った。このスケはお付き合いだから手間を貰うことはなかったが、ご馳走を出してくれた。ご祝儀のような騒ぎだった。一日で葺き替えはだいたい終わったが、大きい家では二日間かかった。板へぎ(屋根板を割る)は守屋八郎さんの父が上手であった。

大堤の守屋カツさんの話では、麦藁屋根の場合、麦藁専門の職人がやって、コーチの人は手伝わない。同じ村の大胡桃に屋根葺き職人の黒沢チカ蔵という人がいた。板葺きの場合三年に一回くらいの割で葺き替えをする。ササ板をめくり返し、折れるものだけを取り換える。ササ板に錐で穴を開け、板と板を針金締めにして載せていくのである。その上に石を載せることが多いので「秩父の名物はあちゃむしだんべに屋根の石、かかあ天下に吊るし柿」と言われている。この葺き替えの場合はコーチの人が手伝いに来る。その時はお茶とお茶菓子（フキ、切干し、インゲン、ワラビ、ジャガイモの煮物など）を持って来るので、屋根替えをした家では、帰り鉢というものを帰りに持たせる。帰り鉢というのは、お茶菓子を入れて持ってきた重箱にお餅をついたものを最低三個入れて返すことである。ひと春に三軒くらいの家でやった。戦後になってから瓦屋根にした。私がお嫁に来たころは板葺屋根だった。植林をするようになってから杉の皮を使った杉皮屋根というのが出てきた。杉皮は厚いので、一〇年くらいは長持ちするので良いのだが、見た目が悪い。苔が生えてしまう。いちばん涼しいのは藁屋根で、次に杉皮屋根、板葺屋根、瓦葺、トタンの順になる。

(三) 家普請

煤川の鳶岩の黒沢鶴三郎さんの話では、大工はシモから頼む。木はこちらで切り、柱もこちらで作る。イッケや組ではスケをしてくれ、いく日でもスケてもらった。昔はカヤの屋根であり、今の畑になっているところはカヤが茂っていた。カヤの屋根は五、六～一〇年くらいもった。

(四) 井戸そのほか

1 井戸

井戸の水源は深くて、一五尺もあるだろう。沢の水とつながっているのだが。昔は一軒一軒で井戸を持っていなかった。今は堂上で水道を引いた翌年に（昭和二四～二七年）、大堤でも沢の水を使った水道を引いた。井戸まで行って水を汲むのは容易じゃないので、家の前のところに水口があるのでポンプ井戸を掘ろうとしていた時に、守屋孝吉さんから相談を持ち込まれ、水道を引くことにした。

2 わらじ

ツギワラジはぼろきれで作る。明治のころ、ワシが一七、一八歳ころまであった。足が温かいのでわりと履いたものだ。二〇年くらい前小鹿野で地下足袋を売っているのを見て、「あれを履けばわらじよりいいなぁー。」と思って買った。それ以前はわらじを履いていた。稲藁で作った。稲藁は一首から二足作れるのを、一〇首を一束にして売っていた。一〇首は戦前で二〇〇円くらい。フジのつるを芯に入れてわらじを作った。夜ッパカに毎晩作ったが、一夜で二足分作ればいい方であった。作ったわらじを売った人もあったが、自分は売ったことはない。作り方は難しくない。見よう見まねでできる。

3　照明

大正一三年に電気が入るまで石油ランプを使っていた。石油は一缶いくらで小鹿野から買ってきた。お燈明用には、ヘダマの実からとった特別なものを使っていた。ヘダマの実というのは、モミに似た木になる実で、「ヘダマしめに行く。」と言って油をとりに行った。この油はお燈明用に使うのみで、旧正月に神様にあげた。明るくはない。燈ゲイ（盃のようなもの）にヘダマ油をたらし、トウスミという芯を入れて、それを火につけるとヘダマ油が滲みて、燃えるしくみになっていた。トウスミは非常に軽いもので百貫目背負えるといわれている。燈ゲイ一皿で一晩中燃え続けた。ろうそくは昔からあったように記憶している。囲炉裏は「ユルリ」という。プロパンガスが入るまでは煮炊きは全部囲炉裏でやった。

4　家畜

馬以外のことについて、煤川の黒沢太三郎さんの家では、子牛と山羊を飼っている。以前はこの部落でも七、八軒牛を飼っていた家があったが、現在は黒沢太三郎さんの家だけである。この子牛は主にタネをとるために飼っているそうである。また穴倉でも昭和三五年～三九年にかけて牛小屋を建て、牛を五、六頭飼ったことがあったが、バスが入る予定がなくなったため、乳しぼりをしてもその出荷に困り、さらに嫁がたいへんだったためやめなければならなくなってしまった。

大堤の守屋磯吉さんの家では、大正初めころにも一頭牛を飼っていた。終戦後、守屋孝吉さんの家で乳牛を飼うのをやめてから、磯吉さんの家で乳牛を飼いだしたが、牛を育てるだけで乳をとらなかった。人手不足で肉用ウサギや豚を飼っていたこともあるが、牛を飼う前にやめてしまった。斎藤丈太郎さんの家と守屋熊吉さんの家は乳牛を飼っていて乳を出荷していた。

千島熊吉さんの話では、昭和一六年~昭和三九年まで牛を飼っていたが、自分が脊髄を痛めて手間がないのでやめた。最初の二~三年は育成の方だけでやっていた。多い時には三頭くらい飼っていて、二頭は搾乳、一頭は育成であった。牛乳は農協の軒端を借りてそこに置いておくと、『埼玉酪農』が回って来て運んで行った。小鹿野にも両神にも集乳所というのがあった。その後専門の集乳人が家々を回って来るようになった。『埼玉酪農』が牛乳を脂肪の高いのと低いのを分けて、低い方のものを値下げしたので、村の乳牛を飼っている家の人が文句を言ったりした。

二 食事・化粧

1 食事

割り飯と大根菜の漬物だけだった。時々小鹿野からイワシ、ニシンの売り手がやって来たので、それを買って食べたこともあった。モノ日にはまんじゅうや赤飯を作った。モロコシを粉にして、もろこしまんじゅうを作ったこともあった。畑に大豆を作って、味噌、醤油も自分の家で作っていた。大豆とモロコシ(トウキビ・コーリャン)はずいぶん作った。サツマイモもたくさん作っていて、馬カゴにして何十カゴも採れた。室を作って生けておいた。売り買いもあった。終戦当時には近所の人も町の人も遠くから買出しに来た。

2 凶作の時の食べ物

スズ(笹)に実がなるという。それはスズに実がなるような天候状態が続く時は凶作になることがあるということで、そういう時は、そのスズを食べて食糧をつないだそうだ。スズは裏山に多くあり、昔、凶作だった時それを部落の人に分けて救ったという。嫁に来てからはそのようなことは一度もなかった。スズの実というのは小麦粒くらいの大きさの実である。凶作には降り凶作と照り凶作があり、同じ凶作でも照り凶作の方がましである。降り凶作は根元からあらゆるものが腐ってしまうので食べるものが無くなってしまうが、照り凶作は大きな木の影や岩陰などに少しの植物が生えているから、少々の食べ物は残っている。

3 髪結い

頭はきれいに結ってあっても仕事はできる。商売人でなくても髪結いの上手な人はコーチに一人くらいずついて、その人に結ってもらうこともあった。こけーら（ここら）では、娘の頭からカカサ（かあさん）の丸髷という頭を結えるのはワシ一人くらいだった。島田などは結いづれぇーものだった。別に習ったわけではなく見よう見まねで覚えた。嫁に来れば丸髷、ふくらすずめという髪形を結っていた。出仕事でも髪はちゃんと結っていた。上手でワシらに結ってくれた人がいた。

4 お歯黒

自分もお歯黒をやったこともあるし、おばあさんも染めていた。お歯黒を自分で作っておいて壷に入れておく。自分で刷毛でなすって染めた。嫁に行ってからそうした。カネツケ祝（鉄漿付け祝）ということで結婚式のその晩だけか、二日目くらいに歯を染めた。カネツケ祝といっても酒を注いでくれるくらいのものさ。二、三日も経てば歯の裏から白くなる。一週間くらいで付け直す。真っ黒なのがよく、「ナスビのような歯」という言葉がある。

三　行商・旅芸人など

1 漆屋

漆屋をする人がいた。漆は、ウルシの木の皮を横に剥いで、表と裏にナイフで交互に一〇筋くらい傷をつけて、そこから染み出す液を集めるのである。一回で漆が三たれくらい採れる。ひと夏のうちに三回くらい漆を採りにきた。そうすると一本の漆の裏表合わせて傷をつけたところが全部なくなるくらいになる。全部傷つけると枯れてしまうが、またすぐ芽吹く。ヨタ者だからすぐ芽が出る。ウルシは日蔭に多く生える。このようにして採ったものを集めて本漆として裏日本の方へ送り出す。

2　鎌屋

越前から鎌を売りに来た人もいた。来た時には、この家によく泊まっていた。忘れたころでないと来ない。一〇年くらい経たないと来なかった。鎌を貸して使わせて、後でお金を取る。麦刈り鎌、草刈り鎌など五、六種くらい持っていた。売ったんじゃ売れないから貸すことにして、付け買いにしてもらうのである。今でも信州の人が来る。もちろん現金で売る場合もある。

3　毒消し屋

毒消し屋は今でも来る。いつも紺絣の着物を着た女の人が来る。鎌包丁、漢方薬も一緒に持って来る。

4　その他

ほかに三河万歳、お獅子回し、巡礼、乞食、手相師などが廻って来たこともあった。

四　娯楽

山深いこの村では、娯楽施設は非常に乏しく、戦後まで映画の存在を信じていなかった人もいたという。煤川の黒沢実太郎さんの長男で現在東京在住の黒沢斗さんの若いころ（昭和初期）は、飴屋という流しがシモからやって来て、飴を売りながら歌を歌ったそうである。また、尾張の漫才がシモからやって来て、漫才のほかに劇も見せてくれた。この出し物は「国定忠治」や「石川五右衛門」などであり、この煤川部落に三、四日宿泊し、当時の娯楽となっていた。さらに当時は、青年会も一つの娯楽機関として存在し、素人芝居も盛んに行われた。青年会は幻燈会なども開き、素人の弁士がそれを解説したという。

小森マトシさん（四〇歳前後）が娘盛りのころ、この煤川にも占い師が来て、村の人の運勢を占ったという。マトシさんはこの占いが非常におもしろかったと言っていたことから、村の人たちの娯楽の一つになっていたと思われる。

しかし戦前にあっては祭りの日など、特別な日以外はほとんど忙しい日々を送っていたようである。煤川の稲荷様、滝前の熊野様などの祭りは大きな楽しみだった。そのほか正月、桃の節句、七夕、お盆、オヒマチなど、このように村の古来からある年中行事は一つの娯楽機能としてみることができる。義務教育や生産形態さらに交通通信機関が発達するにつれて、娯楽も変化してゆくのである。また七五三、結婚式などの人生儀礼の日も楽しみだった。戦前から娯楽機関の一翼を担ってきた青年会のほかに、戦後、急速に発達した婦人会、老人会がある。

1　婦人会

婦人会は現在黒沢宇平さんの妻淑子さんが指導しており、村の婦人会の組織は両神村代表が理事長、各部落が支部となり、その下に班長がいる。各部落に委員が一、二名いて、選挙で選ばれることになっているが、淑子さんは黒沢たねさんから受け継いだそうである。会員は煤川で三〇名くらいで出席者は三分の二くらい、会費は月五〇円である。仕事は、村の敬老会（老人会）での余興やその他の接待などをし、料理講習会、編み物講習会、そして生け花などを講習するそうである。また農協などとも連絡をはかり、食料品の注文や配布をも行う。さらに小学校の運動会の余興にも参加するという。

2　老人会

老人会は定期的に大谷で行われ、その例会に参加するのは二〇～三〇人だそうだが、毎年年頭に開かれる新年会には五〇～六〇人も集まるという。

3　遠足

山深い当地では外界との最初の出会いは特殊な場合を除くと小学校の遠足にあると思われる。黒沢喜太郎さん（四〇歳くらい）に小学校の修学旅行で三峯山へ行ったことを記憶しているが、現在生徒数五三人の複式授業を行っている煤川の分校は、四年以下が高崎の観音様へ、五年以上が東京・鎌倉へと遠足を実施している。

4　旅行

なお、現在は道路事情や車の関係がよくなったこともあって、生活圏（日雇いで外へ仕事をしに行く人も多い）ともども外部との接触が多くなり、旅行も行われている。例えば養蚕をしている女子五、六人で旅行をする人々もいる。

5　テレビ

現在、娯楽の中心は何と言ってもテレビとラジオであり、川塩の部落にあってはテレビのない家は一軒もないほどである。これらのテレビ・ラジオは主に農協を通して購入されるのだが、安足電器、秩父などからも購入される。昔はテレビのない家のものはある家に見に行ったそうであるが、親がいっしょについてくるのでむげに断ることもできなかった。テレビの影響は非常に大きいもので、テレビのコマーシャル商品を子どもが欲しいというようになった。

6　有線

有線ほとんどの家に備わっており、農事情報から音楽と各方面の情報と娯楽を与えている。この有線放送は一万何千円ほどかかったそうで、川塩ではない家が数軒である。

7 農休み

六、七月にかけて農休みがあり、三日ほど農事を休むが、これは役場から知らせがあってから行われるようになった。川塩では六月、大堤では七月二一日～二三日であり、若い衆が遊びに出かけた。その時活動（映画）などを見るという。

8 博打

博打は丸共が入る前から煤川にはあり、江戸川組の配下であった。丁半博打は御法度であり、丸共もそれには厳しかったようである。このような博打をする場所はお宮のお堂の中などであった。川塩に博打の親方がいたが、終戦当時のころ、警察に踏み込まれて二階から飛び降りて逃げたというエピソードがあった。この博打は村の人だけでなく、荒川村や近隣の村々からもやって来て、さらに東京からも来たという。また賭博の種類は女も参加したという「ホッピキ」というものもあり、これは一〇本ぐらいの糸にただ一本だけ一文銭をつけ、その糸に一文銭がついているかを当てさせるものである。これらの賭博では親方がいてその何分かを寺銭としてとっていた。村人の間では博打もいくらかの娯楽となっていたようだ。

9 瞽女（ごぜ）

三味線を持って唄を歌って歩く人のこと。目が不自由な人が多く、足駄下駄を履いて杖をついて手拭いを被って来る。どうして足駄下駄を履くのか聞いたら、目が見えないからどんなものを踏むか分からないからと答えた。二、三人組んで廻って来ることが多い。民家を宿にして大堤じゅうを門付けする。その唄を聞くと蚕が喜ぶといって歓迎された。ある瞽女は幼いころ疳の虫が強くて目が不自由になってしまったと言っていた。目は見えなくても針のメド（穴）に糸を通してほころびを縫ったりした。着物はていねいにたたんだし、みんな器用だった。同じ人たちが一年に二回廻って来た。唄などはどんな種類のものでも唄った。門付けされた家では、二〇銭くらいずつお金を出す。宿にはお土産を持って来てくれるので、それくらいのお金を返した。ある時やって来たオシゲという名の瞽女の手ひきが私の娘のころをいくらか知っていたのでたまげた。心中したけれど自分が生き残って、その時目を悪くしたので「心中の片割れになっちゃったから功徳のためにこんなことをやっている。」と言っていた。

大堤ノート

鈴木良枝

大堤の遠景。屋根に煙出しがある。山の下に堂上の傾斜地の畑

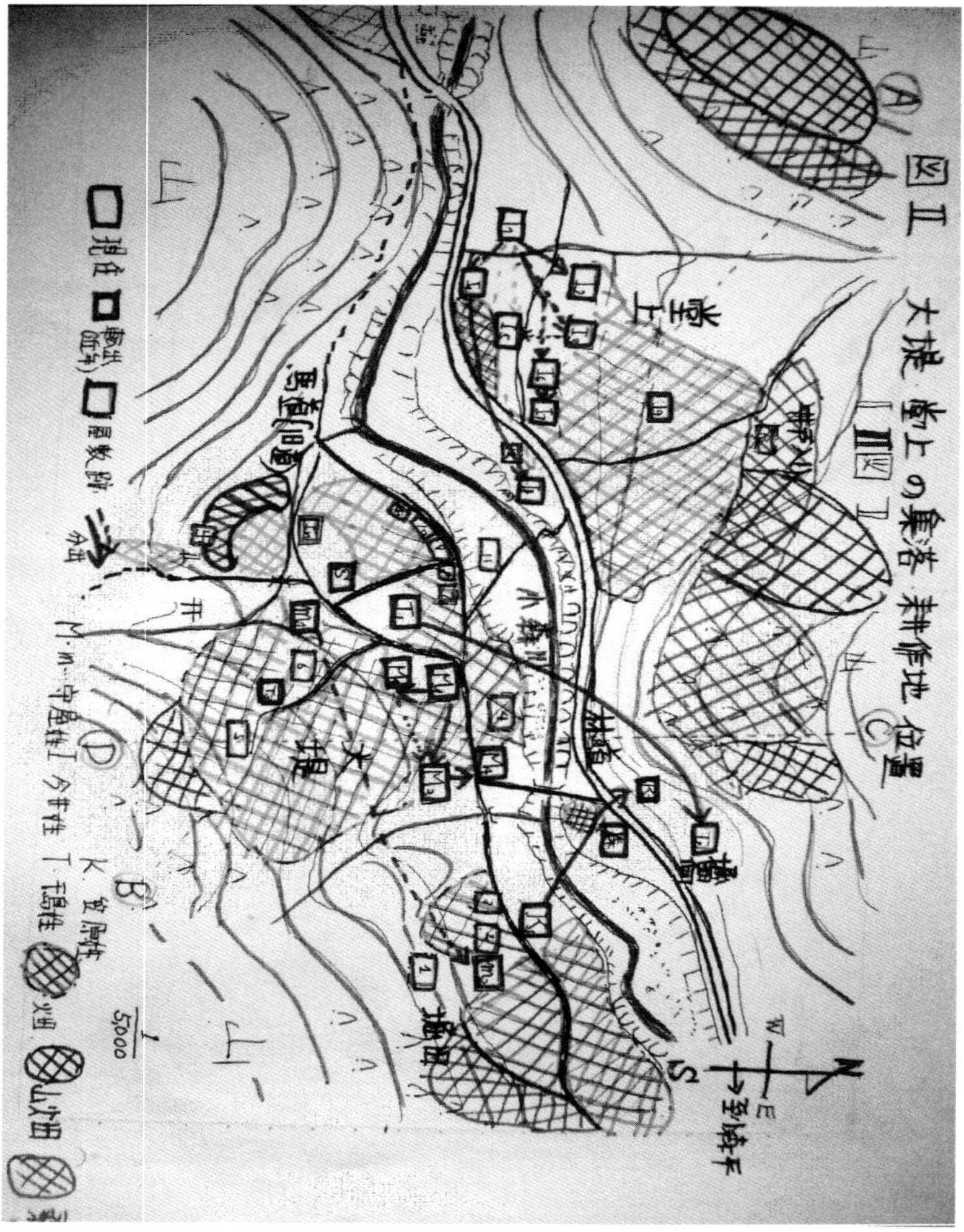

図Ⅱ　大堤・堂上の集落と耕作地（図Ⅰは省略）

一　コーチ

このコーチという言葉は、マキ、ジルイ、イッケなどの様な特定の関係により結ばれた人々や家々を表現する言葉ではなく、埼玉県秩父郡両神村小森川の谷では、最小の集落単位を示す言葉である。いわゆる部落とか狭義の村とか「ムラ」といわれているものと同様である。

両神村は、小森川と薄川の二つの谷沿いに集落が点在しているが、その一つ一つの集落をこの辺りではコーチと呼んでいる。行政的には、現在、両神村は一三の区に分けられているが、さらに細かくいくつかの「分区」に分かれている。コーチはこの分区にほぼ一致する単位である。

大きなコーチになると分区とコーチは一致せず、いくつかの分区から一つのコーチが成り立っている。

(一)　**コーチという言葉の使われ方**

・大堤コーチ、堂上コーチ……というように分区より小さい単位の集落の呼び名

・むこう（対岸）コーチ、シモ（川下）のコーチ、オクリ（川上の奥）のコーチ

・コーチうち（内）、コーチのそと（外）

・コーチ総代

コーチは数軒から数十軒の家からなり、日常生活上のツキアイ、納税組合、オヒマチ、氏神の祭礼・祭祀などの最小単位を成すものである。

(二)　**氏神の祭礼は、いくつかのコーチの共同で行われることもある。**

大堤・堂上においては、氏神やオヒマチも二つのコーチの合同で行われていた。

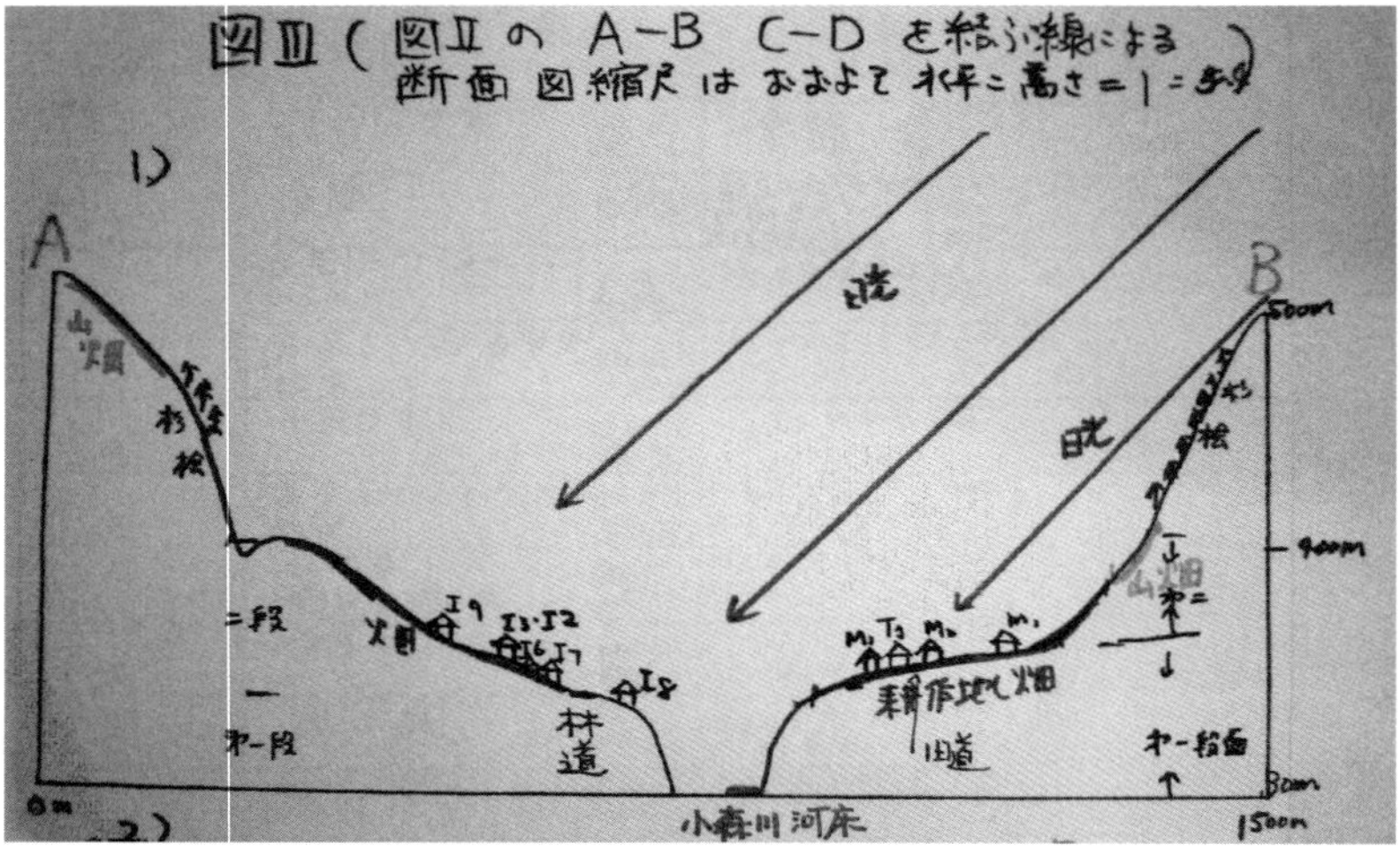

図Ⅲ　大堤（右岸）・堂上（左岸）の谷の広い所の断面図と日当たり

二　大堤・堂上コーチの概観

（一）地理・自然環境

埼玉県両神村は、赤平川の上流の支流である小森川と薄川の二つの川に沿った村である。村の西北端に位置する標高一七二四メートルの両神山の南東と北東の斜面を源とした二つの川は深いV字谷を形成しながら、ほぼ平行に村を東西に横切って東流し、村の東部で合流して、東隣りの小鹿野町との境にて志賀坂峠より流下してきた河原沢川と合流して赤平川となる。すなわち両神村のだいたいの地形は西に高く、東に向かい徐々に低くなる山地の中を二つの川が造った谷が発達している。

大堤と堂上の二つのコーチは、両神村の南側を流れる小森川の谷沿いに川をはさんでほぼ南北に相対している小さな河岸段丘上にある。大堤・堂上のコーチより小森川上流に位置する煤川、川塩、大谷などのコーチに比較して谷もやや広くなり、小河岸段丘がみられる。しかし、まだ両岸の山地は標高七〇〇メートル前後あり、谷はV字形をなしている。小森川が造る谷も大堤の下流の原沢辺りより急に広くなり、よく発達した段丘面の平地を成している。小森川の谷沿いに住む人々は、この広い平坦地を下の平（シモのタイラ）といって、自分たちの住む山間地とは、たとえば通婚圏、生業など多くの面で区別している。たしかに谷幅が約一キロメートルに達するような下の平は、日照時間、平均温度、風向、風の強さおいて大堤付近とは距離的にはほとんど変わらないにもかかわらず大きな違いがある。

図Ⅱのように大堤・堂上の二つのコーチと下のコーチを結ぶ交通路としては現在、林道が谷の北側の斜面沿いに走っている。林道は大堤・堂上では幅約五〜七メートルくらいで部分的には舗装されている。しかしこの付近の林道が自動車も通れるように拡げられたのは第二次大戦中である。それ以前は谷の南側の大堤を通っていた。

図Ⅱの馬道になっているのがそれである。馬道（旧道）は現在、部分的には小型自動車の通行くらいは可能であるが、大堤の西側においては跡をとどめていない。

二つのコーチの集落形態は、堂上は林道に沿って比較的各戸がまとまって集落を成している。一方、大堤は旧道に沿って各戸が点在してそれほどまとまった集落を成していない。堂上の両端の家の距離は約一〇〇メートルに対して、大堤のそれは約八〇〇メートル近くあり、そのためか大堤のシモには堀田という小字があり、過去帳の記載などでは大堤と別になっていた。現在では大堤コーチに属している。大堤・堂上両コーチの戸数は昭和四二年八月現在、大堤は一二戸、堂上は九戸である。小森川の谷沿いのほかのコーチと比べると、煤川四〇数戸は別としてほとんどのコーチが一〇戸内外であり、ふつうの大きさといえる。もちろん平地の集落規模に比べたら非常に小さいものである

大堤・堂上の自然環境・条件は日照時間以外ほとんど同じで、気温、降水量、風向も相等しいようである。また土壌も両コーチとも河岸段丘上（堂上は小さな沢の扇状地と段丘の合わさった傾斜地）の緩やかな傾斜地であり、砂礫や崩壊した岩の破片の多く混じる非常に水はけの良い土壌である。しかし、このことは飲料水の確保と関連

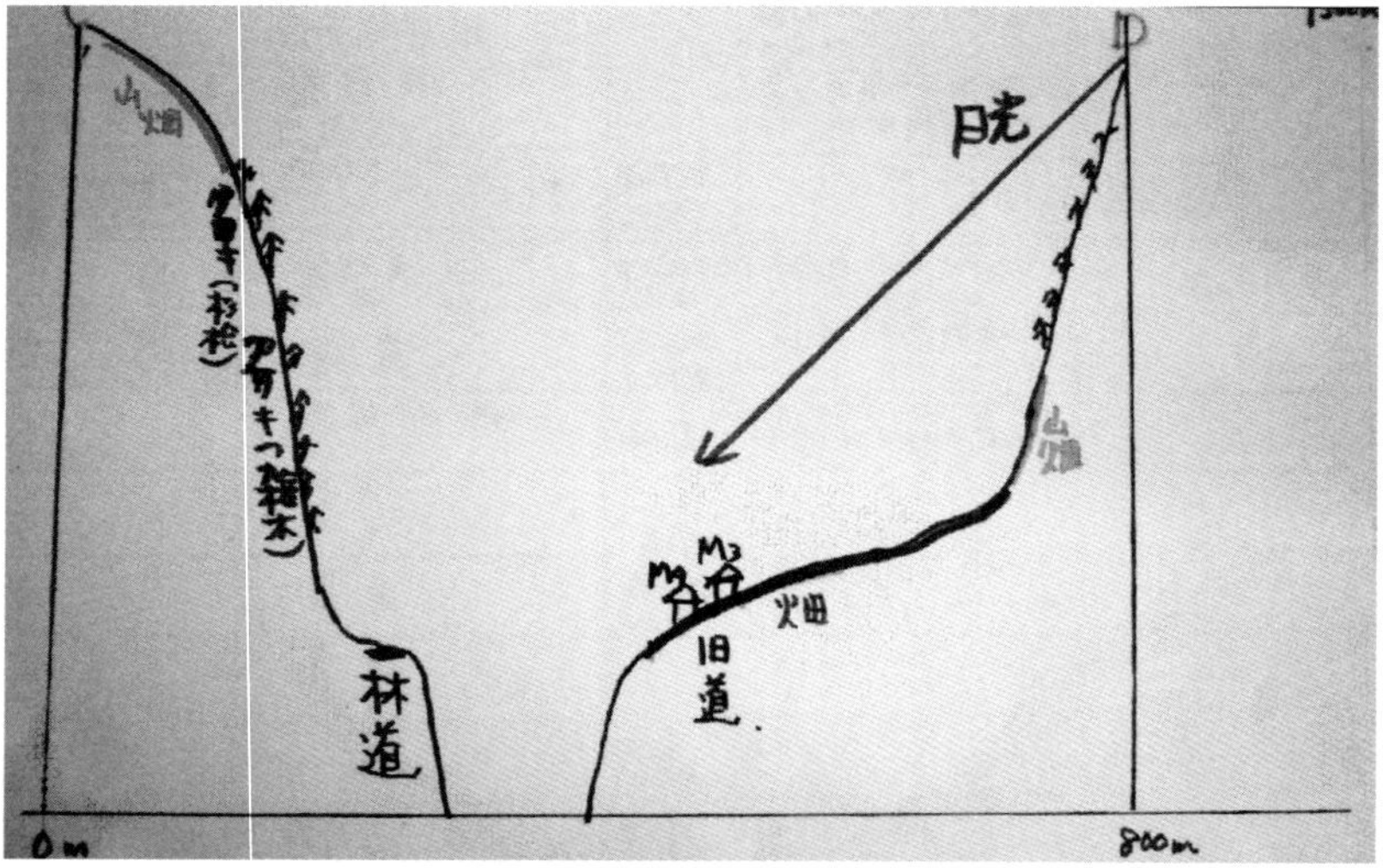

図Ⅳ　大堤（右岸）・堂上（左岸）の谷の狭い所の断面図と日当たり

してコーチの各戸の立地点に大きな影響を及ぼしている。すなわち図Ⅱの大堤に顕著にみられるごとく各戸とも沢より比較的容易に水の引けるような位置に屋敷が造られている。また水はけの良さと緩やかな傾斜は上部と下部の作物の発育にかなりの差を見せている。これは当然、肥料分の流下によるものである。

さて両コーチで自然環境の差として大きなものは、かなり急峻な山と谷による日照時間の差である。堂上では図Ⅲで示すようにV字谷の底部とはいえ標高七〇〇メートル内外の山の南麓でやや広い段丘の上に立地することから冬期における日照時間はかなり確保できる。一方、図Ⅳのように大堤は七〇〇メートル前後の急傾斜の山地が南側にあることから、冬期の日照時間は大幅に短くなり、いちばん条件の悪い位置にある家では一時間前後の日照しか得られない時期がある。また比較的良い条件に位置する家もあり、このような立地条件の差異は、大堤の各家の成立順序に関係するかもしれない。またこのような差異は栽培する作物の種類にも微妙な影響を与えている。

(二) 歴史

大堤・堂上の歴史は室町時代前後にさかのぼると思われるが確実な資料は現存せず、寺の過去帳などによる記録は江戸の初期から中期である。両コーチの氏神である諏訪神社は、天長一〇年(八三三年)ころ、信州の諏訪より勧請したとあるが、もちろん確実なものではない。しかし昭和二七年に境内の木を伐採したところ年輪が三四〇年ほどを数えたというから、元々神社がそこにあったとすれば慶長年間~元和年間(一五九六~一六二三)に集落が成立していたとみてよい。また堂上には次のような言い伝えが残されている。堂上でいちばん古いであろうといわれている家の祖先は、天正年間(一五七三~一五九一)に落城した鉢形城(埼玉県寄居町)の落人の石田民部という侍であるというが、確実に立証できるものは残されていない。西秩父一帯の山村で確実に鉢形城関係の士分が郷士化した例は多く、両神村においても下流の平坦部においてそのような系統を引く家が五、六戸あるから、確かかもしれない。

大堤・堂上は、現在は別のコーチになっているが、共同で行っている行事などが多い。元々この両コーチは一つの「組」であったという言い伝えもある。それによると、かつて大堤組は堀田から現在の大谷の下向までをいい、大谷堂上はしだいに戸数、人口が増加するにつれ、別の組になっていったというものである。この「組」が現在のコーチにあたるものかどうかは確認する資料はないが、元禄年間にはすでに大谷、道場、大堤、堀田などの地名がみえるので、大堤は現在の範囲と一致するものと考えられる。ただし、堀田は小字名として現在もあるが大堤のコーチに入る。かつての大谷、道場もそういう存在であったかもしれない。

(三) 人口・戸数

現在の大堤・堂上の両コーチの人口は合わせて一一六名、戸数は大堤一二戸、堂上九戸である。平均世帯人数は五、六名であり、これは日本の平均世帯人数よりかなり多く、東北地方の平均よりもやや上回る数である。地方の農山村の平均値と同じ程度と思われる。戸数は現在減少傾向をたどっているが、これはいわゆる過疎化現象と軌を一にするものと思われる。左の表は大堤・堂上のおおよその戸数の変遷である。江戸時代は過去帳よりおおよその数を推定した。両コーチとも終戦ころまで増加傾向を示し、以後減少しつつある。大堤の終戦前後の増加は寺への疎開家族による増加である。戸数の増加は主に分家による増加である。しかし分家する例は元々の戸数の少なさからか非常に少ない。たとえば大堤では明治四〇年代に一戸みられたが、それ以降昭和二〇年代後半から三五年にかけて二戸が分家しただけである。離村の形態は例が少ないがおおよそ二つの型に分けられる。一つは昭和四〇年代以前にみられるもので、コーチから比較的近い所への転居の例である。たとえば両神村内しかも小森への転居である。もう一つは隣村の荒川村などへの転居の型で、向こうの中小企業へ勤めるものである。

なお大堤一二戸のうち守屋姓六戸、笠原姓二戸、千島姓二戸、斎藤姓一戸、森越姓一戸であり、森越は戦後両神村内薄より定着したものである。堂上は九戸すべて今井姓である。

このほかに、特に大堤において特徴的なことは多くの屋敷跡があることである。屋敷跡の中には現在コーチ内の別の場所において続いている家もあるが、多くはすでに廃嫡となった家の跡である。その数は現在の戸数より多く、その多くは江戸から明治初期にかけて廃屋になったと思われる。

戸数の変遷

	江戸時代	明治時代	大正時代	昭和時代（二〇年）	昭和時代（四〇年）
大堤	七～九戸	九～十戸	一〇戸	一四戸	一二戸
堂上	六～七戸	七～十戸	一一戸	一一戸	九戸

三　生業および耕作地・林野の所有形態

（一）生業

大堤と堂上の生業はおおよそ二つに分けられる。その一つは農業および林業である。もう一つはヒヨウトリと炭焼きである。すなわち、何らかの所有財産によるものと、技術・労働によるものである。

1　農業

大堤・堂上で行われる農業は、その栽培作物、栽培目的によって前の表のように、（ア）戦前、（イ）戦中・戦後昭和二五年ころまで、（ウ）昭和二五年〜三五年、（エ）昭和三五年以降、のほぼ四期に大別される。この両コーチの各戸の平均所有面積は「山づくり」（山畑）も含め約五反〜六反であり、これはかつて農業のみに依存する生活経営の下限であったという。このことを踏まえて表の説明をする。

コンニャク玉をスライスして干す

農業経営は、まず第一に戦前までの養蚕の比重の増加、次に第二次世界大戦の激化による食糧難（食糧増産・養蚕の衰微）、そして農地解放後の自給作物・商品作物の広がり、最後に昭和三〇年代以降の日本の経済成長による商品作物（特に高級野菜・コンニャク）の需要拡大、というように日本社会全体の変化とともに対応してきた。

さらに各期について付け加えると、第一期は、それ以前の

大堤・堂上の農業の変革期

土地所有・小作・階層	商品作物	自給作物	期	時代	
自作・自小作・専業農家のよる自給作物・養蚕（所有面積5反〜10反） 専業農家層は自給作物の一部のみ栽培	養蚕・麦	麦 ソバ アワ 豆類 コンニャク 野菜	自給作物・養蚕期‥	明治・大正・昭和初期‥	第一期‥
自作・自小作とも自給作物のみ（人手不足と非土地所有層の食料確保のための小作が大幅に増加）	なし （ただし右の作物を供出）	麦 ソバ アワ 豆類 サツマイモ ジャガイモ 野菜	食糧難期‥	戦中・戦後‥	第二期‥
自作は自給作物・養蚕期と同じ（ただし商品作物が増える） 地主層の土地は農地解放により小作農に移動	エンドウ豆・インゲン豆・シイタケ・養蚕・麦	麦 ソバ 豆類 野菜	自給・商品作物期‥	昭和25年〜35年‥	第三期‥
専業化 離農促進期（小規模農民）	コンニャク・エンドウ豆・インゲン豆・シイタケ・養蚕	豆類 野菜	商品作物期‥	昭和35年〜‥	第四期‥

養蚕の興隆をうけて、土地所有形態もすでに一部の専業自作農と自小作農に集中し、自給作物中心に経営されていた。労働力は、自家労働力とスケによって確保されていた。そして純小作による農業経営は行われておらず、小作は比較的小規模な自作農による自小作が行われていたのみであった。自小作農の場合、自家消費用の自給作物は所有地で十分まかなえ、小作は養蚕を主にしたものと考えられる。農地を所有せず、もっぱらヒヨウトリや炭焼きを行っていた層においては、女衆がコーチ内の農家へスケに行き、日常の食料確保を行っていたという。スケは現物だけでなく、賃金で支払われる時もあった。なお、絹の需要の増加に対する養蚕の規模の拡大は、山づくりと言われる山地の緩斜地の雑林を開いた山畑に桑を植えることによってなされ、その後は、平坦地の自給作物用地の桑畑への転換も行われた。

第二期の食糧難期は、出征による人手不足、供出量の増加などによる自家用食糧の不足や広い耕作地の経営の困難さを招く一方、非農家層においても食糧事情の悪化に伴う自家用食糧生産の必要を生じ、一部の自作農・地主により農地を借り受け、小作兼業農となった。

第三期は戦後の食糧難の解消と日本経済の復興期である。この期において都市部の復興にともない薪炭、木材、野菜などの需要が増加し、自作専業農においては、養蚕、シイタケ、エンドウ、インゲンなどの商品作物の栽培が復活し、兼業小作農層においてはヒヨウトリ、炭焼きに主力を置き、自給作物も野菜類の副食用作物になっていった。この期において最も大きな変化は、農地解放により小作地がほぼ消滅したことである。しかし、農地解放によって専業自作農層と小作兼業層の農地所有面積の格差はほとんど解消されることはなかった。農地解放で自前のものになった小作地も農業経営のみで自立をするには到底不可能な程度のものであった。

第四期は、従来の中規模農家の兼業への依存強化、専業農家の商品作物栽培による経営への完全脱皮および農地解放によって生じた小規模農の再賃金労働者化の時期である。すなわちコンニャク、インゲン、シイタケなど野菜の需要の増加、米の増産と主食の変化により専業農層の麦生産などの生産中止、商品作物への依存が急速に深まった。中規模兼業農層は作物転換に伴う機械化、金肥の需要の増大、技術の進歩に対応しきれず、兼業への傾斜を深めながらも商品作物の小規模栽培という中途半端な形態をとった。賃金労働者化していた小規模農民は、より安定した雇用機会を求めて近くに進出してきた工場やその他の企業に勤め、完全なる給与生活者となった。

この結果、専業農家は小規模農民が農地解放によって得た耕作地を借用することにより、経営面積をより大きくし安定経営の基盤を固めることになった。大堤において安定した農業経営をするには二戸分の専業農家の農地面積が適正規模というから、これからも中規模兼業農家の離農による賃金労働者化が続くと思われる。

2 林業、ヒヨウトリ、炭焼きなど

大堤・堂上付近で商品として計画的植林や育成伐採の林業が行われるようになったのは、大正時代に関東木材、現地では㊫（まるきょう）と言われた木材業者が、小森川の奥の原生林を伐採に入って以後であるという。しかしそれ以前においても小規模林業が行われていたことは間違いないと思われる。炭焼きが盛んになったのは明治三〇年代に富山から新しい技術をもった炭焼き集団が小森の山に入り、その技術が村人に普及した結果であるという。この二つの条件によって、何らかの原因によって（あるいは以前より）土地を失った耕地の構成員が伐採の仕事にヒヨウトリとして就くことにより、あるいはまた炭焼きを行うことによって生活を維持することが可能になった。両神村の林野の所有形態は私有地と森林組合有林がほとんどであり、私有林は村外地主の所有のものもかなりの面積を占める。現在コーチにおいて林業を主とする家族経営の家は一戸のみであり、もう一戸は木材生産以外にもパルプ材用雑木林を持ち林産加工という会社を設立している。大多数の家において林業は生業と成り得ないが賃金労働者化した農民層においてはほとんど唯一の収入源になっていた。よって林業はその意味で重要である。もう一つの林業の形態として重要なのは他者の所有地（ほとんど村外地主、特に寺院）の借用による森林の育成であり、現在農業を行っている家のほとんどが行っており、その利益配分は四分六分から五分五分ということである。

炭焼きが林業と並んで重要であったが、炭焼きを行っていた人々は原材料である雑木林を所有者より借り受けて焼いていた。炭焼きはふつう、一家族の単独か人手の足りない時は知り合いを雇って焼いていたという。炭焼きを行う間は竈の設置されたところが遠くにある場合は竈場に簡単な小屋を作り、その期間中住んだという。竈場が近い場合は家から通いで行ったそうである。義務教育を終えていない子どももいた家庭では往々にして炭焼きを行う者だけが山に入っていたという。炭の搬出は山から道までは背板で運び、そこから林道の完成以前は馬で小鹿野町まで運び、売りさばいていた。一俵五〇銭が相場であったそうである。炭は昭和三〇年ころから燃料の変革とパルプ材＝チップの進出により需要の低下とコスト的に競合できなくなり、急激に減少し、現在このコーチにおいて炭焼きを行うものは一人もいない。炭焼きに代って林産加工工場や各種建設土木の工事、国有林の整備などの仕事に行くようになり、現在は車で通える範囲に進出してきた企業に勤務するようになった。

以上は男性についてであるが、女性はスケによる収入を得ることが多かったが、現在では村内や両神村周辺の縫製工場や軽電機の工場へ主婦、子女とも出ることが多い。

(二) 耕作地、林野の所有

コーチにおける各戸の土地所有はそのまま生業形態の差異であり、また、それをもたらしたものは、耕作地の集中による所有格差であり、また、日本経済発展の直接の影響である被雇用機会の増加および炭、木材の需要の増加であると思われる。二つのコーチにおける農業は最近になっての商品作物中心の形態を除いて、おおむね自給作物中心であった。自然条件から、この付近の自給農業経営の下限は山畑も含め耕作面積が五反内外である。

各戸の所有の耕作地は農地解放以後もはなはだ不均等である。半数において農業経営による自立は不可能である。このコーチ合わせてもその耕地面積は山畑を含めても約一〇町歩程度しかない。比較的経済的地位の浮沈の激しいこの土地においては表面的なわずかな財産の差は意味をもたないが、その運用面において大きな差異を見せるという。このような格差が生まれ始めたのは明治の中期から後期であるという。大堤においても江戸期において村役人をしていたというほどの経済的地位の高い旧家があったが、明治末期より没落し始め、昭和の初期においては完全に零落してしまったという。

大堤と堂上の農家層は、耕作地や林野の所有面積などによっておおむね三つに分かれている。いちばん上は専業農家層で、次は一部の有力兼業農家層で、三番目が残りの兼業農家やヒヨウトリの層である。このような農家層の差異を如実に反映していたのは、オヒマチである。オヒマチは本来的には信仰に基盤をおいている行事であるが、コーチの全員参加によって催されるものと専業農家や一部有力兼業農家だけで催されるものという二つが存在した。コーチの上の二つの有力農家だけで行われたオヒマチは、八十八夜、善鬼マチ、二百十日マチなど農業を行う上で重要なものと、山の神のオヒマチのように山仕事に関するものである。前者の農耕に関するオヒマチは、大堤においては大正年間～昭和三十五年ころまで五人衆と称される有力農家によって行われていたが、過去において上から没落して行った家と下から上がってきた家とが入れ替わった。

大堤・堂上の農家の林野の所有面積をみると、農地解放以前では約九七町歩の一軒が飛び抜けており、次に多い家が約三五町歩、その次の家が約六町歩で、その後はずっと低くなっている。育林生産のみによる合理的な家族経営の面積規模は、一戸当たり少なくとも二〇町歩程度以上必要であるというが、現在これを満たす家は両コーチで三軒のみである。しかもそのうちで育林生産に依存している家は一軒だけである。

小森川の谷において林業が本格化したのは、関東木材（丸共）の企業的伐採が行われて以後であり、林野は一部のクロキといわれる杉、檜などの針葉樹と大部分の薪炭用のシロキといわれる雑木で占められていた。関東木材入村以前は林野の価値は木材よりも薪炭の方が高いと考えられ、林野の所有面積の差ほど家の格差はなかったと思われる。しかし関東木材入村以後の企業的伐採によって大規模な森林経営の方が有利になったので、林野を多く持っていた家が相対的に栄えるようになって家の格差が広がったと思われる。また土地所有面積の格差と対照的に表れたのは「暮らし向き」である。現在、コーチは土地をほとんど持っていない家の方が給与生活者化しているので現金収入があり、生活が楽で贅沢であると意識されている。

(三) スケ

コーチにおける共同労働として、また家の生活の基盤を支えるものとしてスケがあった。後者のスケは、ふつう養蚕の忙しい時や麦刈りの時など専業農家の労働力が不足するので、畑や林野をあまり持たない家が労働力を提供して、その反対給付として金銭や食糧を受けるものである。

スケにおいて戦中・戦後の時期が他の時期に比べて著しい特徴があった。この時期は労働力が極端に不足し、食糧事情が極端に悪化した時期であった。たとえばこの時期、耕作地面積の多い有力農家だったある家では、労働力の柱だった主人は出征し、老夫婦と嫁が家を切り盛りしていた。当然労働力が不足し、その分をコーチの女衆のスケによって経営していた。その時の反対給付は女衆の連れて来る子どもを含め三食付けて、ほかに一日一五銭から二〇銭を渡していたという。この時期にこの家はその経営規模を大幅に縮小するか、経営規模を守るならばスケに頼る以外に方法はなかった。また、スケに来る方も反対給付なしには生活が成り立たなかった。

次のスケの例は、ある本家と分家の場合である。その分家は本家とは血縁関係はないが、本家を何かと助けていたので分家する時に家と若干の畑(五畝歩の土地)を貰って、もっぱら炭焼きを主としてヒヨウトリに出て生活していたという。現在もその分家は本家を頼りにし、相談事があるとまず本家に行き、付き合いもいちばんであるという。本家が養蚕などで忙しい時スケを頼まれ、また別に頼まれなくとも忙しそうな時はスケに行ったという。スケに対する代償は若干の食料を貰うだけで金銭は貰わなかったという。

三つ目の例は、ある家が明治三〇年～四〇年ころ経済的に苦しかった時、家の稼ぎだけでは生活できないのでコーチ内の有力農家へ半期のスケに行って生活していたという。この両家は現在では親戚になっているが、明治のこのころ、この有力農家からスケに入った家に嫁入りしたのである。現在の婚姻をみると通婚は経済的に相等しい家同士でほとんど行われていたことから、いわば特殊な例となる。

スケは特定の関係にある家同士の間で成立していたという性格がある。それは三つ目の例のように、チズルまたはマケなど同族のような関係、二つ目の例のように、本分家間のある種賦役を思わせるような関係、一つ目の例のように、戦争中とか食糧難の時期ではあるが、ほかの時期にも特定の関係をもたない家がスケに来ていたということから、一種の雇用賃金労働者のような関係の三つが代表的スケの形態であったと思われる。

(四) コーチにおける組織・共同営為

コーチの構成員はさまざまな組合、会に属しているが、それらの組織のコーチに及ぼす影響を考えてみたい。また共同営為とは、コーチの中に共同で行われる、たとえばオヒマチや祝儀・不祝儀などである。

1 生業に関連する組織（農協・森林組合）

生業に関する組織のうちでいちばん重要な組織は農業協同組合（農協）であり、これには全戸が参加している。非農家でも有線電話の利用のため。個々の家への農協の結びつきよりむしろ農協内に存在する専門的な栽培組合に対する結びつきの方が現在は強い。もちろん農協は村内の各分区（コーチ）ごとに連絡員を置いている。ふつう農協からの連絡は有線放送によって行われ、連絡員は肥料の配布、共同出荷などでコーチの内部を調整する。出荷や肥料を含めて各戸の経営上大きな意味をもつものは、シイタケ、コンニャクなど部門別の組合であり、直接生産に響く技術研究、指導を行っている。技術の研究は主に若い人たちが中心に行っており、農業経営の変化にともない技術面を通して若い人たちの発言権が増したり、地位も向上したりした。

農協の組織への各個人の関わり方を考える上で共同出荷は良い例である。共同出荷は市場の不安定さに対し農民が自衛的に行っているが、まだこのコーチには各種の産物の仲買人が入って来る。農協はこれらの仲買人に対して敵対し共同出荷を呼び掛けるが、概して若い人たちに仲買人との直接取引を行う人が多いという。

農協のほかに生業に関する組合として森林組合がある。森林組合は株を有する者が参加するものである。森林組合は、林野の管理、技術の普及などを役場と共同して行っているが、これは農協も同様である。

2 信仰に関する組織・集まり

信仰に関する組織・集まりとしては、講とオヒマチの二つがある。講は代参講の形をとるものと行ける者が行くものとがある。代参講は、榛名講（群馬県榛名山・榛名神社・雨乞い）、三峯講（埼玉県三峯山・三峯神社・盗難除け、火難除け）、古峰ヶ原講（栃木県古峰ヶ原・古峰神社・火伏せ）などで、後者の講は善光寺講などである。この講はコーチとして組織されるものではなく、おおむね小森地区を単位として組織され参加したいものが自由意思で参加する形をとっている。オヒマチはコーチの構成員の接触の場として重要な意味があり、しばしばその席でコーチの内部に関する意思決定がなされ、ヨリアイと並んで会合としてはコーチの運営上双璧を成している。

3 オヒマチの性格と変化

大堤・堂上のコーチで行われていたオヒマチの数は十数種にもおよび非常に頻繁であったというが、大きくは二つに分かれる。

①特定の家の間で行われるオヒマチ

二百十日待、八十八夜待、前鬼待は主に専業農家によって営まれ、各戸がもち米、小豆を用意し、年番で決まっているギョウジの家に集まり、大福餅のような餡入り餅を作り、簡単な煮込み程度の肴と少量の酒で共同飲食を行った。コメ、豆などは均等に持ち寄り、均等に配られた。

②コーチ全体で行われるオヒマチ

コーチ全体で行われるオヒマチは、特定の家の間で行われるオヒマチと女性のみ参加による三夜待と子どもによる天神様のオヒマチを除く全てである。ここではギョウジは両コーチから各一名ずつ年番により決め、どちらかのギョウジの家にて①のオヒマチと同じように行われた。特に氏神である諏訪神社の祭礼のオヒマチは、ギョウジがコーチを代表して祝詞や弊束を受けコーチの家に配った。これらのオヒマチの参加は今日ではかなりルーズであり、近来は数名の参加者だけになり次第に廃止されようとしており、現在は春、夏二回の諏訪神社の祭礼の時と道路愛護の日（道普請）の三回を残すのみとなってしまった。元々オヒマチは大堤と堂上が合同で行っていたものであったが、お諏訪様、道普請の年三回のほかは戦時中の食糧難の時期に合同ではなくなり、戦後は大堤のみで行われている。

注目するのは、大堤においてオヒマチが復活するとともに①の特定の家の間で行われていたオヒマチも全戸参加のものとして復活したことである。このオヒマチの復活は、生業のところで述べた第三期から第四期（昭和三五年ころから商品作物中心の営農と給与労働者化の時期）への転換の時期と重なっている。このことは農業技術の進歩で厄災を除ける本来の信仰的なオヒマチの意味が薄れてきた上に、コーチ内ではっきりと分かれていた農家の収入格差があまり顕著でなくなったからである。復活の理由に「コーチにおいては都会のように隣の人とは他人のようになんて味気ないことじゃなくて…。」という言葉もあった。

（五）共同営為と決定

1 共同労働

コーチにおける共同労働には、屋根葺きのようなスケとして考えられる労働と冠婚葬祭における各自の能力に応じた役割分担をもった共同作業がある。両者ともコーチ内のみならず他の関係で結ばれた人々が参加することもある。屋根の葺き替えにおけるスケは屋根材が瓦になるとともに消滅したが、瓦以前の栗板葺き、杉皮葺き、藁葺きの時代に行われていたという。たとえば栗の板で葺いた屋根は二〇年ほどもつというが、数年ごとに傷んだ部分を交換したり、裏返しにしたりすることは各家で行っていた。コーチの人々によってスケとして行われたのは、一種の貸借関係のようなもので、報酬を受けることなしに、時には手弁当でスケに出た。そしてやがて自分の家の屋根の番になるとかつて自分がスケに出た家にスケを頼んだものである。

冠婚葬祭におけるコーチの人々の役割は男女で役割分担があり、女衆は台所（勝手）方を務め、式に必要な料理を整え男衆はシト（連絡係）、棺かつぎ、穴掘りなどを行った。この時、指揮をとるのはコーチの中でも比較的口の立つ、頭の回転の速い、この辺では「頭っぷり」といわれる人である。本分家とか親戚などはお客様として決まった役割はない。

このようにコーチにおける共同労働は財産家格による差のない互恵的なものである。このことが一層はっきりするのは、もう一つの共同労働である道普請である。これはふつう年二回行われるが、コーチの家ごとに一人前ずつ労力を提供し行うものであり、女は半人前として男女差は存在したが、家の間では差はなく平等である。氏神の祭礼も一種の共同労働ともいえるが、これもオヒマチで述べたごとく、平均になるように年番のギョウジの役を行った。

2　共有財産

二つのコーチのうち堂上は共有財産としては何もない。大堤には共有林がある。しかし、この共有林も近年になって橋の回収費用捻出のために設定されたもので、寺有地を借り、コーチの共同による育成を行っている。この共有林は株の所有で成り立っており、新入りの者を認めない方式になっており、よって比較的新しい分家は入っていないという。共有林から上がる利益は各戸に株に応じて配当されることになっており、現在は橋の永久化も終わり、各戸への分配も考えられている。

ほかに共有財産として水道があるが、これはコーチ単独のものではなく、近隣で水道組合を作り、それによる共同管理となっている。このような共有財産の設定にあたってはよくトラブルが起きるという。

3　ヨリアイ

共有財産の設定やそれの運用、道普請の日時、道の拡張などの問題が起きるとコーチでヨリアイを開く。これはふつうオヒマチのギョウジとなっている家で開かれることが多い。座の取り仕切りは「頭っぷり」といわれる人がすることが多いが、決定に関して大きな力をもっていたのは専業農家の人であることが多い。

川塩ノート

北村玲子

両神興業（HP より）の川塩事業所（均一で極めて良質な硬質砂岩が採れる）

一　川塩の概観

両神村小森川塩地区は両神役場より林道を徒歩で一時間三〇分弱離れた、戸数一四、人口六二名ほどの小集落である。南北から迫って来る山の底を東西に流れる川の左岸の細いわずかな段丘上から、やや高い位置を山の懐に沿って走る旧道までの間に散在する一二か所ほどの家々と、少し下流の笹平の二戸から成る川塩のコーチは、山峡の村というより、谷底の小集落といってた方が適当と思われるような景観である。急斜面の斜面に這い上がるように耕された畑地はそれ自体すでに生活の中心とはなりえない観を呈している。林の間の椎茸の原木、対岸の山を削る爆発音がこの地域の新たな方向を目の当たりに示す顕著な例といえよう。

二　生業

自給自足のための小規模焼畑耕作などからなる畑地は一戸当たりほぼ二反九畝（農地を持つ家の平均）であり、この三反に満たない面積では、兼業の必要を余儀なくされる。実際、農業の専業者はおらず、自給用に種々の作物を少量ずつ作りながら、山林管理、山仕事の出稼ぎ、土木工事の日稼ぎ労働、椎茸栽培などで生計を立てている。しかし生活が苦しいため転出して行った例もいくつかあり、また残っている人も「生活や仕事が苦労だから子どもまでやらせたいとは考えぬ。」と言う。山林管理の仕事を手伝っていた若い人々も、待遇を良くしたにもかかわらず二、三年前に他出したという。このように青年層の他出のため、二〇歳から三五歳の青年層は一人もいない。実際には唯一、若い夫婦と子どもがいる家族いるが、季節労働者として大滝村に伐採の仕事で出てしまう。

急な傾斜地の木々の伐採跡は大豆やソバが植えてあり、①伐採→②枯れる→③焼く（焼畑）→④ソバ、大豆、小豆の栽培→⑤植林という順に土地利用されている。現在、川塩の人々の山林は少なく、川塩の山もほとんど外部の人たちの所有で、川塩の人はその管理をしているにすぎない。また、古くから住んでいた八軒所有の共有林も約三〇年前に生活苦から人手に渡ってしまった。

三　生活の転換期

大正八年に㈲まるきょう（関東木材合資会社）が滝前に入村してくると、川塩地区も木材運搬の経路となった。戦中戦争直後は、第二次世界大戦末からの食糧難による作物の値上がりによって、昔盛んだった養蚕のため桑畑に換えられた畑には、桑を掘り起こして作物を作った。そして昭和三〇〜三五年にはまた盛んになり始めた養蚕によって巻き返しを狙ったが、昭和二〇〜三〇年に最盛期を迎えた炭焼き（多比良一秀の場合、月平均三〇〇俵余り焼いた）とともに、繊維・燃料の変化にともない下火となってしまった。昭和三〇年ころから次第に植林が盛んになってきた。その要因としては伐採による雑木林の減少と、昭和二六年の両神村森林組合の設立と国あるいは県の植林の奨励（補助金が出た）があげられる。また同時に農協の技術指導による昭和三〇〜三五年にかけての椎茸やコンニャク栽培の開始もあって、麦、大豆の作物栽培も植林に押されていった。

四　イエの継承

イエの系譜は男子の長子相続を優先し、つまり長男を残して他の成員は他出して行った。その長男は他出しても高齢になると戻って来て、その家族にイエを継承させる傾向がある。川塩コーチ内に長男以外の子弟の分家が少ないのは、その生活を維持して行けるだけの生業、経済力がないからと考えられる。それゆえ、ある程度成長した子どもたちは他所に仕事を求めて他出するため、一世帯あたりの人数が四・四人（昭和四〇年現在）という小さい単位になっている。

五　社会生活そのほか

（一）共有林

共有林は先祖から代々譲られたもので、七人で八株を持つことから成っていた。岩場の、モミ、ナラ、アサキなどの雑木林で、税金を払う以外にはこれと言った義務はなかった。共有者は、山中登一郎さん（二株）、山中廣吉さん、山中宮吉さん、黒沢谷五郎さん、猪俣市太郎さん、猪俣朝一三、猪俣奥四郎さんの七人で、これは古くからこの地に住んでいたものとほぼ一致し、共有者でない者は木を切ることを禁じられ、また新たに他から入ってきたものには共有林の権利は与えられなかった。しかし三〇年前に他所の人に売ることになってしまった。

（二）共同労働

共同労働には、雪かき、木集め、建前、地固め、道普請、神社の掃除、草取りなどがある。戦争中、杉を運ぶ運賃を安くするため、堂上まで来ていた新道を、県の補助と財産に応じた労働の地元負担でここまで延長したという。また、男が働きに出ている時で男手が必要な場合があれば、働いてくれた。コーチの人がその分を共同労働で男手が必要な場合であっても人々はそれに拘束されないし、規則、作業要領など何か決まっても守られないことが多いが、しかしほかの人はそれでも気にしないという。養蚕や焼畑の夏刈りなどは二、三軒共同で協力し合うことが多いが、これをエエゲーシといって主に身内、兄弟で行う。

六　そのほか

クマが獲れた時、コーチの家々に平等に分配したという。コーチ内では全ての子どもを呼び捨てにする。また、物の貸し借りはかなり自由で、たまたま借り手も返さないでいても両者とも平気いることも多いという。山中登一郎さんよると、ムラの中では酒を飲まなければ話にならない。雨降り、暇、用があって飲食店で会った時や行き会えばだいたい飲んだ。また、日雇いなどで得た金は、その日のうちにムラの食堂に集まって飲んではホーイホーイと言って大騒ぎして使ってしまうという。酒を飲まない家は雪だるま式に金がたまるという。山中安市さんは山師で、大井川、山梨、木曽、佐渡などへ伐採の仕事に出かけていたが、六、七年前に辞めて帰ってきた。

煤川ノート

関根増男

山の中腹の南向きの傾斜地にある煤川の集落

一　煤川の概観

両神村小森煤川は、江戸時代には下煤川と滝の上の二つの部落に分かれていた。滝の上が今の煤川で、下煤川はそれより約三〇〇メートルシモ（川塩寄り）の山の中腹にあり、戸数も滝の上よりも五軒くらい多かったらしい。今の煤川は、山から土砂が押し出され、周りの急斜面よりも少しだけ傾斜がゆるやかになった所に耕地と集落がある。住居はV字谷の南向きの斜面にあり、急斜面を削り四軒くらいが一組になって、階段状に並んでいる。これは平坦地が少ないため住居に土地を取らず、少しでも畑の方に回そうとしているからである。

小森川をはさんで南北両側に険しい山がそそり立ち、川沿いの車道まで急勾配な山の斜面をジグザグに迂曲しながら一五分もかかる山の中腹に集落がある。下煤川は江戸時代に突然襲ってきた土砂崩れのために全滅したという。そのための今の河原沿いの辺りは一面水がたまり、湖のようになっていたという。その証拠に地名として瀞淵（トロブチ）、半瀞（半トロ）、海尻（ウミジリ）が残っている。山の方には、下煤川の氏神であったと思われる諏訪神社の建物が二〇年前まではあったという。寄居の鉢形城の落人の子孫という伝承もあり、また山奥深く住み着いて自給自足的な没交渉な生活をしていた。昔、「滝の上五軒」といわれていた今の煤川は、明治初年には「煤川一六軒」あるいは「黒沢一六軒」（過去帳には一九軒）になっていた。さらに昭和一〇年ごろから戸数が急激に増え昭和四二年には四七軒になった。明治5年に「タツの御検地」があり、それまでの耕地や山はムラの共有地（九町九反九畝あったという）であったが「ナワウケ」をして今の形になったという。その分け方は沢や尾根を境に分け、また分けた理由は、税金（ヤマヤクエイ＝山役永）を免れるためだという。年、二文なのだが風水害で使用不能になった田畑への減税の配慮がないため住民は苦しんでいたそうである。

急斜面にある畑（煤川・2010年）

二　生業

昔は「煤川一六軒」というようにこの一六軒は山や畑を持ち、アワ、ヒエ、麦、豆、桑を植えていた。桑は養蚕に使い繭を売って、村では生産できない塩、刃物などと交換する農作物であり、ほかは自家用であった。このほか交換物としては猟で獲れた動物の毛皮であった。炭焼きはやっていたが技術が未熟なため自家用程度のものであった。共有林はソウソク山といわれ、雑木林であった、そのため利用価値は少なく、下枝を採るくらいであった。着物は、小鹿野の糸を買い、家で染め、イザリ機で織った。足袋はカラムシで編んだ。薬は、山人参、マムシ、カワガラス、セキレイの蒸し焼きなどいろいろあり、また灯りはナタネやイヌガヤの油で行燈を灯したという。

富山の炭焼きは明治二三年ころ、富山からまず棚山力次郎とその兄が来て、今までよりも二〜三倍も増産できた。この人たちの成功により、他の人も山に入るようになった。明治三〇年代に、富山から炭焼きが家族連れで数十人も小森の山に入り、原生林を買い炭焼きを始めた。その一人、棚山三五右衛門が煤川に居住した。それまでの煤川での炭焼きは、唯一の現金収入源であった。しかし技術は低く生産高も少なかった。富山から来た人の炭焼き技術は優秀で、多いときは一日一五〇俵も焼いたという。それまで伐採作業や出稼ぎに出ていた次三男は、この富山の炭焼き技術を習得し炭焼きになったのである。炭焼きに使う木は、自分で山を持っている人でも自分の山は焼かずに、共有林を買った森林組合から土地を買い、焼いたそうだ。大正八年ころ煤川の共有林は富山の炭焼きに売り、それから秩父の森林組合に渡ったそうだ。共有林は一株五円で売り、得た金は持ち株によって配当した。さらに大正八年に伐採製材業者㊡（まるきょう。関東木材合資会社）が滝前までトロッコを敷いて、木地屋も入って来て、滝前の人口が急激に増えた。㊡の伐採作業や運搬の仕事もできるようになった。トロッコ道ができると、履物もわらじから地下足袋に替わった。しかし大正一四年には関東木材は大滝村に移り、滝前も徐々に仕事が減り人口も減って来た。トロッコは外されてその跡に昭和一〇年に牛車道ができることによって川沿いに住めるようになった上、炭焼きや山仕事や伐採の山仕事で生計が立てられるようになったので、次三男が分家するようになった。分家は炭焼きや伐採の仕事が下火になると、昭和三〇年代ではチップ工場の伐採、四〇年代は土木工事というように仕事を変えていった。

昭和三五年ころアワ、ヒエ、麦が主食で米との比率が八分二分であったという。昭和三二年、米の配給制が実施され、月二回、農協が米を配達するようになって畑からアワやヒエはほとんど姿を消していった。畑では豆類、イモ類（ジャガイモ、サツマイモ、サトイモ）、トウモロコシを一戸平均二反六畝という狭い所に桑なども混ぜて作っていたのである。昭和三五年ころからコンニャク、蚕という換金作物を栽培し収入が増えたが、それまでは毎年毎年同じような収穫物を得るのみで、一日の労働にしてもアサッパカ（朝飯前の仕事）から夜なべ仕事まで同じことの繰り返しの状態が明治以来ずっと続いていたのである。土地分与を伴う分家は全く考えられなかった。

滝前ノート

坂本　要

小正月のツクリモノ（便所に置く刀）を手にする新井通之さん。2010年

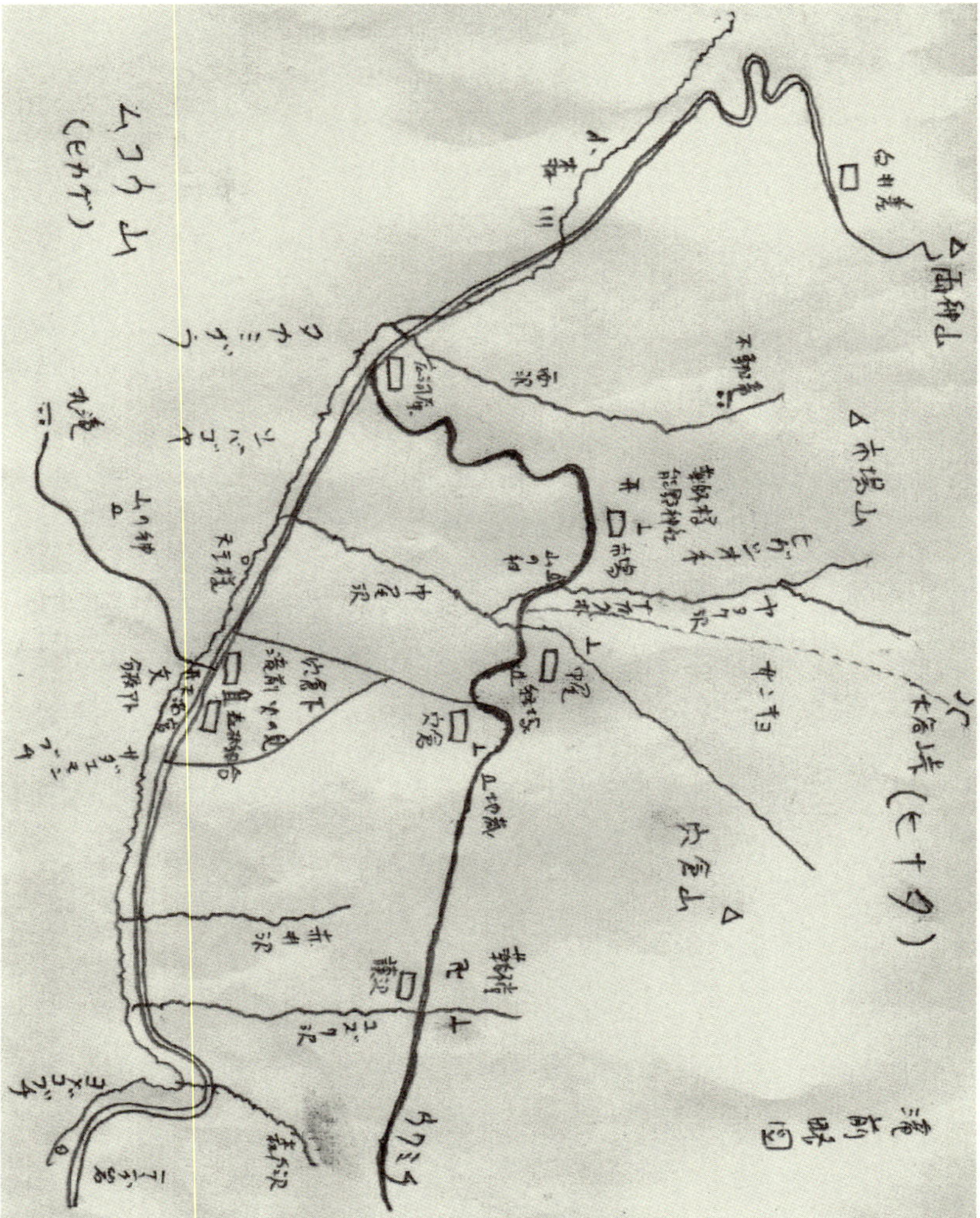

滝前地区の略図

山道で荷を運ぶ背板

石が多い畑で掘るに便利な四本鍬

メズラバシとカユカキボー

足をかけて掘るエンガ（柄鍬）

埼玉大学文化人類学研究室による両神調査は昭和四二年からである。これは私（坂本要）が最初に（一九六九年・昭和四四年）に滝前に入った時のノートで多くの聞き書きをしたものである。本編に一部記載してあるが触れてない部分もあり、滝前地区の信仰と俗信や世間話を主にノートをそのまま記した。ここでいう現在は昭和四四年のことである。滝前は調査時点の一九六九年に二五軒であった。地区は大きく分けて滝前と白井差であるが、白井差は小森村でなく薄村に属していた。地形からすると白井差は小森谷の最上流にあたるが、小森谷の道は新しく、古い道は薄谷に通じていた。現在行政区として白井差三軒は滝前に属する。滝前は大正八年に丸共といわれる関東木材会社が入ってくることによって大きく変わる。その中腹を通る市場・中尾・穴倉・譲沢のウワドオリが旧滝前で穴倉のオヤカタといわれる新井家を中心として中津川から小鹿野へ抜ける中継点として、ふだんは焼畑・楮・炭などで生計を立てていた山村であった。丸共が入り小森川沿いの道ができると広河原から下流に丸共関係者の建物が建ち、下の滝前ができた。広河原も上広河原と下広河原に分かれた。滝前の中心も穴倉下という谷沿いになった。現在この地点には火の見やぐらと関東木材社長で歌人の前田夕暮の歌碑が建つ。私たち調査にあたり群馬県より移入した山本ツネさん宅に面倒を見てもらうことになった。

その年滝前の山本ツネ宅に泊まって調査したのは、友枝啓泰先生・小松和彦・浅野寿夫・坂本要である。

一九六九年八月一七日（日）

七時二五分　大宮発八時一五分熊谷発　九時二〇分　秩父駅着小鹿野経由美女平までバス一〇時四五分　美女平から徒歩一〇分両神村役場　昼食　徒歩一時間守屋武夫宅で休憩　大堤一時一五分発徒歩途中鳶岩黒沢鶴三郎宅で休憩　三時煤川着　車で滝前へ　穴倉下　山本ツネ宅着　犬のチビ出迎え　午後高滝より上の道に行く。上の旧道（ウワドオリ）の家に挨拶　天狗の札　墓や絵馬を見る。中尾より下って山本ツネ宅の裏に降りる。

夜、山本ツネさんの話

・小学校の話。大正一一年分教場として開校、三年前小学校は統合により閉校になった。先生はうちに泊まっていた。滝前には店がない。昔は一軒あった。現在煤川の店に電話して配達してもらうか、スクールバスの運転手に頼んで持って来てもらう。

・ミョウガと茶の話。ツネさんはミョウガを家の周りにたくさん植えている。お茶は自家製で自分で挽く。

・ヤマベの話。ヤマベは夜寝るので夜に三〇〜五〇匹も釣れるという。

八月一八日（月）

煤川まで徒歩。途中小学校の記念碑写す。

譲沢　黒沢啓作・よしさんの話

・雪かき・組　滝前は四組に分かれていて、雪が降ると道の雪かきをする。一・二組は小森滝前まで三・四組は白井差まで、人の歩ける程度に雪かきをするが、多く積もると役場に連絡をする。煤川では雪かきに出られない人は五〇〇円払うというが、滝前ではそういうことはない。譲沢は三・四組に入るが葬式は一・二組まで結婚式は三・四組だけでスケる（助け合う）。一組が一三軒であった。葬式に行かないとジンギがたたない。

譲沢の祭り

・産土様　十二天様　一二月一七日

・薬師様（一・二組）九月七日　米三升ずつ持ち寄って麹で甘酒を造り、一晩明かした。

・山ノ神様　毎月一七日　山仕事をする人が祀る。

山の神の祠

・正月と八月は穴倉で特別の祭りをする。正月は法印さまが来る。

・大足の話　広河原の川原に大きな足跡があるが、中津川からひとまたぎできた大入道のものだという。

穴倉　新井通之・みとしさんの話

・山ノ神　向かいの尾根の丸神滝の辺りまで家の地所で向かいの尾根に山ノ神を祀っている。正月と八月の一七日は山の神の祭、きのう一七日も家でちょっとした料理で酒を飲んだ（新井通之さんの家は通称アナグラといわれオヤカタといわれる）。

・屋敷神　家の中に八幡様を祀る。家の西に八幡様と両神様、東に先祖の墓と金毘羅大明神。

・大明神の前には毘沙門と童陸神（ドウロクシン）があり、ドウロクシンは耳の神としてカタツムリの殻を供える。ウワドオリ（旧道）の譲沢に行く道には馬頭観音が、中尾の峠には弁天と大黒が祀ってある。

八月一九日（火）

朝　穴倉のドウロクシンを見る。耳の神様で治った時、年の数のカタツムリを供える。カタツムリの殻が散乱している。

黒沢ハヤ江さんの話

・正月　正月の行事は家ごとに違う。ハヤ江さんの家では一日から三日まで白いお粥で、七日は七草を入れた粥、一五日は白い粥を食べる。おカユはユカイに過ごすためという。雑煮を食べる家、芋田楽を食べる家がある。ハヤ江さんの家は群馬の六合村から来た父親の風に従っている。一二月三〇日に餅を搗き、神棚・荒神様に鏡餅にして供える。一四日は便所・水場・家のかどに繭玉の木を供える。

・市場のオボスナ様

市場の三軒がミヤモトになってオボスナ様の熊野様を祀っている。ミヤモトは場所の提供と法印さまの接待をする。法印さまは大塩野（両神の薄）の斉藤賢一郎さん。当番は三・四組からそれぞれ一軒、計二軒がなる。一〇月一七日が祀りで女の人がシトギを作り、男はお札を作る。

・サンヤさんは毎月二三日に昼、女の人が集まってお茶を飲み世間話をする。

・薬師様は薄平（両神の薄）の法印さまが来て拝む。

・お稲荷さんの祭りは四月三日で酒を飲む。譲沢の薬師様と市場のお稲荷さんと白井差の諏訪様を一緒にする話も出たがうまくいかなかった。

キツネの話

キツネは昔人をばかしたが、最近は人間が利口になって化かさなくなった。ある魚屋が山中で家の中に連れて行かれ魚をよく売ったが山から下りて来るとお金が木の葉になっていた。貰った饅頭は馬の糞で、うどんはミミズだった。ウワドオリの家に油揚げや魚を持って行く時に椿やとうがらしを一緒に包むとキツネに食べられない。

オーサキの話

父が見た。ふつう群れになっているが、岩の上に一匹いるのを見た。狸の小さいようなものだった。蚕をたくさん持っている家にいて他人の家の蚕が良いというと、一晩のうちに蚕を持っていってしまう。オーサキが憑くとどんどん家が富み、いなくなるとつぶれる。昔、㊋の人夫にオーサキつかいがいたが、嵐の時流されて夫婦とも亡くなった。流されながら最後までオーサキに祈っていたという。

穴倉下・山本ツネさんの話

狐つき・オーサキ

・「てんこう」「ちゅうこう」という狐が嫁に憑いて来て、つがいでいた。大滝村の滝沢からの道の途中、草がざわざわするので見に行くと、猫のような耳をピンと立てた赤や白や黒のオーサキがいた。見ている間に消えてしまった。その家の粟のフチ（扶持）が切れてしまったので道に出て来てしまったのではないか。キツネというのは家に憑くもので、鉢を叩くとキツネを呼ぶのでよくないという。

・ある女の人がキツネに憑かれた時、その場からお膳を跳び越して一尺ほどピョンピョン跳ねた。封じるため焼け火箸やとうがらしを寝ているところに置いたという。

・葬式が終り皆で集まっていたところ、Uさんに食べ物を勧めてもいっこうに食べる気配もなく、突然「吊り橋のところにKさんが来る。逃げなくっちゃ。」と言って走って跳び出して家に帰った。家に帰ってからがたいへんでこたつの上を跳び越えるようなことをした。Kさんはキツネ落としの名人でKさんに落としてもらった。

・Sさんはきつい人でキツネにだまされるような人ではなかったが、家に帰ってくると土間の隅でかがんで何かむしゃむしゃと食べていた。何を言っても答えず、キツネに憑かれたとうわさされた。

・群馬県での話。山中商店のおばあさんが患って寝ていた。寝ている二間向こうから「嫁がとうがらしを食わせようとしても平気だよ。」という声が聞こえた。上のよく行き来する大工の家からキツネがうつってきた。大工さんの家にフチ（扶持）が無くなって、蔵の下にあるおばあさんの山中商店に憑いてきたらしい。

よう神（両神）さんに落としてもらうようにしたが、キツネは「よう神（両神）さんは仲間みたいなもので、ちっとも怖くない。三峯さんはこわくはないが、あまり気分がよくねえだ。」と言った。「しかしこの家にあまり長くいるんでないから、豆三升と赤飯を持って、材木置き場の上に置くだけでよい。」と言った。おばさんをそこに連れていくと、「三回、転ばさないと出て行かないよ。」と言う。重病人のおばあさんを転ばすわけにはいかず、おばあさんの体を突っついていると、「今日は行く気がしないよ。」と言ってキツネは出て行かなかった。豆を持って帰ろうとすると「俺は孫が三〇〇匹もいるから孫の分取っておけ」と言った。それから一か月ほどしておばあさんは亡くなってしまった。死ぬと背中に穴が開いていて、内臓はほとんどなかった。

・ある人がオーサキをイタチだと思って皮を剥いで高いところに吊るしておいたが、その夜二、三〇人もの人がぞろぞろと道を通るのを聞いた。朝起きると高いところに掛けておいた肉がない。これは人が通っていると気を引かせてオーサキが肉を取り返しに来たとうわさされた。

・キツネは嫁に行く時に「つがい」で憑いていく。嫁入り先ではフチ（食いぶち）をしないと他の家に悪さをする。

・キツネはサガリシンショウ（下がり身上）の時には秤の後ろにつき、アガリシンショウの時には秤の前につき重くしてくれる。

・カマイタチ　畑でつまづいた時にカマイタチにやられて、ももを切られた。かまいたちは血が全く出ないで、切られた時には痛くない。暦を燃した灰でこするとよい。特に三年前の暦がよい。

神かくし

・ツネさんの娘が一九歳の時、二階で一人でいたら怖いおじさんが命をとるように、脅かしてぜひ来いと言ったので、向かいの山について行った。そしたらとてもきれいな所に連れて行かれた。帰って来てだまし だまし聴くと、何も食べさせられなかったが、家が忙しそうなので早く帰れと言ったので、帰された。確かに一日一晩山にいたようだ。

・ツネさんの針子友だちが一四歳の時。栗を採りに行って「こわいこわい」と言ってその子が山から帰ってきた。そして今度はトチの実を採りに行こうという。「トチの実なんか今ごろないよ」と言ったら、トチの木と反対側の山に一人で入って行き、そのまま帰って来なかった。一月ほどして峠のどうろく様のそばに下駄と着物だけがあって、そのまま戻ってこなかった。

・天狗様

両神様はお犬様で天狗も祀っている。天狗をけなしてはいけない。製材所の若いものが天狗なんかいないとばかにしたら、他の人には感じないのに、自分の家がぐらぐら揺り動かされているのがわかり、怖くてたまらなかった。天狗をけなした人には、夜、山で木を切り倒す音が聞こえるという。

八月二〇日（水）

白井差まで歩く。

山中林太郎さんの話

・両神様　白井差から一里半ほど行った所に両神さんの社がある。いざなみ・いざなぎの命が祀ってある。三峯のお犬様とか眷属が祀ってある。

・天狗　浦島の途中に天狗の石像が建っているが、天狗の鼻をなでてばかにした者がいた。帰る途中声がするというので、一人道を戻って行方不明になった。三、四日して別の谷の人の通るべきところを、うろついているのを顔見知りの人が「お前どうしたのか。」と呼び止めると我に返ったようで、二、三日の間何をしていたのか、覚えていなかった。天狗をばかにしたからだといわれた。

・伐採師が小屋を掛けて夜泊まりこんでいたら、木を伐ったり落としたりする音がする。「天狗さんの機嫌が悪いのだろう。」と言ったが、相棒は「そんなことはない。」と答えた。翌日一人で昼飯を食べていると、何か呼ぶ声が聞こえた。飯を食って、茶碗を片手に持って、蓆をあげたところ、黒の着物を着て白髪を後に垂らした人品のいい大男が笑いかけて立っていた。伐採師は蓆に隠れてしばらくすると、大男はいなくなったので青い顔をして山を駆け下りた。しのぶ竹より高かったので七尺もある男だったという。大正初めの話である。

・山の不思議　大滝の奥で小屋を建てると大きな音や鉦を叩く音がするという。清滝小屋の番人が不思議な音がするというので、役場の人がいってその音を聞いたという。

八月二一日（木）

煤川・大堤に行き、情報交換

八月二二日（金）

中尾・新井いわさんの話

・昔の道　大入川から白井差まで道ができたのは昭和になってから。白井差はそれまで薄の谷を通っていた。小森谷は近いというので川原を飛び石づたいにいく道はあった。昭和になってから中津川（大滝村）↓白井差↓小森川↓小鹿野の道ができた。中津川から小鹿野へいく途中、穴倉でよく泊まった。

・二十三夜　女の神で昔はオヒマチをした。サンヤ様のことで弁天様と道をはさんで向かい合っている。滝前で一つの組でお産のできる人はみんな入った。毎月二三日がオヒマチで当番を決めてその家を宿にした。戦争でとぎれてそのままになったが現在ウエ（中腹の集落）はウエ、シタ（河原の集落）はシタでやっている。

・講　八坂・成田・古峰山の講がある。滝前で一つの講でクジで代参を決めた。今は為替でお札を取り寄せている。

・天狗　薄谷の人が道普請で登って来て両神さんの鼻をばかにした。「おれの鼻も高いがお前の鼻も高いな。」と言って鼻をなでた。三、四日行方不明になり、小森谷を歩いているところを見つけられた。

・西平の人が小沢の天狗の下で小便をしているのを見たのが最後、それきり消えてしまった。三、四日して家に戻ってきたので、聞いてみると「タカサキの運動会はにぎやかで、花の種をもらって来た。」というようなことをしゃべった。その種をまくと道中が花でいっぱいになった。その人は前にも天狗がついたことがあった。栗の落ちるころで、裸足で山歩きしたらしく足の裏が栗のいがでいっぱいだったという。それで剃刀で足の裏をそいだという。

・神隠し　ある日洗濯をして川で干していたら、エンドウを取りに行くとか言って家を出て行った。以前家が嫌で秩父の機屋に黙って行ったことがあるので、放っておくとしばらくして、ぶらりと帰ってきた。山の中のえらいきれいなところに行って、スケてくれと言われたので、しばらくいたといった。気持ちのいい子だが時々こういうことがある。

八月二三日（土）

八月二四日（日）

大堤に集合して滝前の調査を終える。

小森谷調査の話者一覧

コーチ	集落名	話　者			
大堤		守屋カツ	守屋英男	守屋磯吉	笠原波平
		守屋きよの	守屋八郎	守屋あさの	千島順一郎
		笠原みね	守屋鶴一郎	千島熊吉	千島武・妻
		千島茂一	千島喜三郎	守屋孝吉	斎藤丈太郎
堂上		今井重太郎	今井仙吉	今井シズエ	
川塩		今井義太郎	山中登一郎	多比良一秀	山中恒吉
		山中安市	加藤経義		
煤川	鳶岩	黒沢鶴三郎	黒沢モト		
	煤川（上）	黒沢実太郎	黒沢治三郎	黒沢永作	黒沢三津三郎
		黒沢庄一郎	黒沢せき	黒沢朝光の妻	黒沢よしみ
		黒沢忠吉	黒沢文平	黒沢幸四郎	黒沢さい
		黒沢サツ	黒沢茂一	黒沢エイコ	黒沢徳与
		黒沢ヤス	黒沢真一	黒沢富重	黒沢峯夫
		黒沢カノウ	黒沢喜太郎	宮原さだよ	黒沢芳野
		黒沢久太郎	黒沢たね	黒沢徳子	黒沢喜重
		黒沢金重郎の妻	黒沢正男	黒沢八十一・妻	黒沢斗
		黒沢カツミ	黒沢三代吉	黒沢ヤスノ	黒沢登・妻
滝前	煤川（下）	黒沢宇一（店）	棚山重明	棚山久雄	小森マトシ
		黒沢ヲスエ	黒沢利光	黒沢太三郎	黒沢コト
	広河原（滝前）	山中舛太郎	黒沢ハヤ江	松原清市	黒沢のぶ
		山本安雄	山本ツネ	瀬戸友安	関忠吾
		黒沢ジョウ	黒沢栄三郎	松原はる	黒沢ミツノ
	広河原	黒沢ハヤ江	黒沢花吉	黒沢角一	
	市場	山中文作	山中サダ子	黒沢実吉	黒沢寅市
	穴倉	新井通之	新井さわ	新井みとし	
	譲沢	黒沢繁蔵	黒沢啓作	黒沢よし	黒沢のぶ
	中尾	新井福次	新井いわ	新井テル子	黒沢松五郎
白井差	白井差	山中倉次郎	山中林太郎	山中イエ	

終りに

すでに四十年以上も前のことである。この両神村の調査が行われたのは。現在六十歳を越えてしまった私達が思い出として語っていた調査であった。三年ほど前に川田順造先生より、埼玉大学文化人類学教室の初期のメンバーについての問い合わせの電話があった。「その当時のことを書き留めておかないと忘れてしまうね。」とおっしゃったのが、この作業の始まりであった。このことはその後先生はあまり気に留めてもいないようでしたが、関根・峰崎の両氏に相談し、徐々に準備を進めた。

埼玉大学文化人類学教室は教養学部教養学科の総合文化課程として発足し、初期には須藤健一・渡辺欣雄・中牧弘充・小松和彦等々という現在学会を牽引していくような人がたむろしていた。学園紛争の時代でもあり、混沌とした中にも活気に満ちた時代でもあった。調査はそういう雰囲気の中で行われた。あしかけ四年一期から四期の学生を中心に調査を進めた。

昨年はじめ両神村の民俗調査報告のまとめが、当時の青刷りコピーとして峰崎進氏のところにそっくりあることがわかり、この報告書の出版は現実味を増した。そういう中、昨年友枝先生が大阪で病床に臥しているとの報が須藤氏より入り、編集を急ぐことにした。文化人類学研究室の創設当時のいきさつ、調査地の選定過程等不明な点もあった。しかし残念ながら闘病の甲斐なく、八月に他界されてしまった。私達のインタビューも、一、三回で終わってしまった。しかしこの企画については先生も大変喜んでおられ、当時のことを思い出して楽しそうに語っていました。私達学生の名前も忘れずによくご存知で驚きました。

その後関根増男・鈴木良枝・坂本要の各氏が四〇年前の地区別のノートや地図を保持しており、資料的に充実してきた。写真も坂本撮影の調査アルバム三冊写真枚数で三百枚ほどが見つかり、また埼玉大学文化人類学研究室の草創のころの思い出を公刊することにして卒業生に呼びかけたところ当時の写真が送られてきた。途中からこの調査報告をまとめるにあたり埼玉県立博物館の民俗担当学芸員であった五期卒業の飯塚好氏に加わってもらい完成を急いだ。今年の三月両神の現地に赴き調査したところ、滝前では新井通之氏に再会した。現在七五歳の通之さんは四〇年前に埼玉大学の学生が聞き書きにきたことを覚えており、地名や個人名の確認に協力してもらった。四〇年前煤川や滝前は山の中腹への自動車道がなく人が背負って荷を揚げていた。現在は自動車道が通ったが、村の景観はそのままで蚕屋敷が残っているのには感動するとともにそのまま四〇年前にタイムスリップしたような不思議な気持ちをいだいた。

青刷り湿式コピーの原本は読みにくい箇所が多かったが関根氏により、パソコンへの打ち直しをして完成した。青刷りコピー本は調査の一段落した一九七〇年にとりあえず自費出版を目指したもので、友枝先生もかなりの部分を執筆していると思われる。執筆者の名前はだいたいわかるが、執筆箇所は確定できなかった。手書きで二百枚余りのものから重複部分を省いたりしてワープロ一五〇ページに編集し、他に大堤・滝前ノートを加えたものである。大堤ノートは鈴木良枝氏が四年間入ってまとめたもので、一コーチ（耕地）の様子を知る上で便利である。川塩ノートは今は亡き北村玲子氏が調査に入りまとめたものである。煤川ノートは本文に重ならない部分を記載したものである。滝前ノートは私の四〇年前のノートをそのまま記したもので調査地に入る様子や調査の日程がわかる。写真は表紙写真を含め一九七〇年のものが主であるが、煤川・前田夕暮歌碑などは二〇一〇年の撮影である。出版はせりか書房の好意を仰ぎ全国販売になった。

最後に、すでに鬼門に入られた方もいらっしゃるが、四〇年前当時、つたない調査者であった学生を親身になって世話してくださった旧両神村の方々に心より感謝いたします。たいへん遅くなりましたが、ここに調査の報告をさせていただきます。

（坂本要）

調査経過

・第一回調査　一九六七年（昭和四二年）七月

川田・友枝両先生同行　両神村役場近くの公民館で合宿する（裏表紙の写真はその時のもので川田・友枝両先生と一期生が写っている）。

両神村概況調査。薄谷・小森谷を踏査。地勢・村落状況を把握し、役場で戸籍を調査し、系譜を把握する。この時代は戸籍調査による家族形態の把握が可能で、人類学調査の場合必須であった。

・第二回調査　一九六七年（昭和四二年）八月

戸籍資料を整理して現地調査を進める

小森谷の大堤・堂上・川塩・煤川に分宿

大堤・堂上班　渡辺欣雄・垣谷豊子・鈴木良枝

川塩班　　　　北村玲子・功刀憲生・中村幸弘

煤川班　　　　須藤健一・関根増男・宮永智世子

・第三回調査　一九六八年（昭和四三年）八月

大堤・堂上　　鈴木良枝

煤川・滝前　　須藤健一・小松和彦・中牧弘允・小室裕昭・大前健三・室井正和

・第四回調査　一九六九年（昭和四四年）八月

一年あけてこの年より大堤・煤川に加えて滝前に入る。調査拠点を大堤の守屋英男宅にして母堂である守屋カツさんに公私ともども大変お世話になる。
煤川は鳶岩の黒沢鶴三郎宅、滝前は山本ツネ宅に分宿。

大堤班　福島康子・三田玲子・藤崎康彦・大越公平・藤田みち子

煤川班　須藤健一・峰崎進

滝前班　友枝啓泰・小松和彦・浅野寿夫・坂本要

・第五回調査一九七〇年（昭和四五年）四月
大堤・煤川・滝前に継続調査

・第六回調査一九七〇年（昭和四六年）八月
大堤・煤川・滝前にまとめ調査

表紙カバー　大堤の子ども（当時人気テレビ番組・赤影のまね）

裏表紙カバー　第一回両神調査メンバー

大堤の守屋カツさんに話を聞く調査メンバー

滝前の子どもと
調査メンバー

話者索引

新井いわ　33, 44, 46, 207
新井さわ　142, 144
新井テル子　33, 127
新井通之　197, 202
新井みとし　202

今井仙吉　156

黒沢八十一　95
黒沢宇一　6, 54
黒沢喜太郎　82, 164
黒沢啓作　36, 201
黒沢幸四郎　54, 95
黒沢さわ　36, 78
黒沢実太郎　33, 37, 44, 59, 64, 65, 162
黒沢庄一郎　32, 54, 57, 64, 65, 77, 80
黒沢太三郎　54, 155, 159
黒沢たね　155, 156
黒沢鶴三郎　38, 39, 44, 45, 50, 55, 64, 73, 81, 82, 154, 158
黒沢花吉　65, 72, 78, 81, 82, 90, 138, 141, 147, 150
黒沢ハヤ江　152, 202
黒沢松五郎　66-69, 155
黒沢モト　32, 44, 45, 58, 73, 148
黒沢よし　201
黒沢ヨシミ　77

小森マトシ　55, 163

斎藤丈太郎　159

関忠吾　53, 60, 153

棚山重明　37, 43, 57, 64, 72
棚山久雄　95
多比良一秀　55, 61, 78, 82

千島熊吉　33, 43, 47, 160

松原はる　70

守屋磯吉　32, 37, 43, 57, 70, 155, 159
守屋カツ　6, 7, 35, 76, 80, 107, 113, 141, 144, 149, 151, 155, 157
守屋孝吉　69, 159
守屋鶴一郎　34, 126, 156
守屋八郎　34, 38, 69, 157
守屋英男　7, 57, 113

山中イエ　141, 142, 144, 149, 151
山中倉次郎　6, 53
山中登一郎　50, 56, 74, 82, 154, 156
山中恒吉　54, 154
山中文作　36, 80, 124
山中林太郎　36, 55, 206
山本ツネ　33, 39, 74, 76, 82, 200, 201, 204

両神の民俗的世界——埼玉県秩父郡旧両神村小森谷民俗誌

2010年 11月 26日　第 1刷発行

編　集　埼玉大学文化人類学両神調査会
　　　　坂本 要　関根増男　飯塚 好　鈴木良枝　峰崎 進
発行者　船橋純一郎
発行所　株式会社 せりか書房
　　　　東京都千代田区猿楽町 1-3-11 大津ビル 1F
　　　　電話 03-3291-4676　振替 00150-6-143601　http://www.serica.co.jp
印　刷　信毎書籍印刷株式会社
装　幀　工藤強勝

ISBN978-4-7967-0299-7